子どもの育ちと教育環境

長尾和英・伊澤貞治 編著
Nagao Kazuhide　　*Izawa Sadaharu*

法律文化社

まえがき

　文明評論家にして教育思想家でもあるエレン・ケイは、20世紀の幕明けとともに、この世紀を「子どもの世紀」と位置づけ、子どもに人類幸福実現への希望を託した。この希望は21世紀にも引き継がれたかにみえる。

　しかし、子どもを取り巻く現代の社会環境は、未来を担って生きる子どもの育ちを阻害する事象が多く、エレン・ケイの理想からはほど遠いように思われる。

　とはいえ、出生時からの子どもの育ちを全体として捉え、それを踏まえて教育を考えようとする潮流がみられる。それが「子ども学」研究である。この潮流のなかにあって、制定後60年近くを経て、2006年12月に「教育基本法」が改正され、「幼児期の教育」という条項（第11条）が新設された。

　ここには、「幼児期の教育は、生涯にわたる人格形成の基礎を培う重要なものである」とされ、「幼児の健やかな成長に資する良好な環境の整備」をすることが謳われている。これは、子どもの全体的な育ちにとって、環境が重要であることの指摘なのだ、とみてよいであろう。

　本書の執筆者たちは、子どもの育ちに深い関心を寄せ、志を同じくして20年近くをともに「子ども学」の研鑽を重ねてきた。その過程で、子どもの心に感動を呼び起こす環境は、子どもを内面から揺り動かし、大きく成長させていく教育環境であるという共通理解に基づいて、各執筆者が論考を寄せ合ったのが本書である。内容的には教育実践につながる論考を心がけたが、論述の重なりや論究の深め方に問題を残した。これらについては、読者のご教示を得て、他日を期しつつ、「子ども学」研究を深めたいと思う。

　最後になったが、出版事情が厳しい折にもかかわらず、本書の出版を快くお引き受けくださり、細かいところにまで配慮いただいた法律文化社・営業企画部長の田靡純子さんに深く感謝したい。田靡さんなしでは、おそらくわたした

ちの研究は日の目をみなかったであろう。

2007 年 2 月

長 尾 和 英

子どもの育ちと教育環境
目　次

まえがき

第1章 教育環境の重要性 …………………………………… 1
1　教育環境と子どもの成長　1
椋鳩十の場合　　エーリヒ・ケストナーの場合
2　教育環境の思想　6
ロバート・オーエン　　ジョン・デューイ　　マリア・モンテッソーリ
3　教育環境の要件　13
教育環境の準備と提供　　教育環境要件の試論　　教育環境整備の課題

第2章 遊び環境と子ども …………………………………… 19
1　遊びの現状　19
社会変容と遊び　　子どもの生活時間と遊び
2　遊びの場所と遊具　24
子どもと遊びの場所　　遊びの場の現状　　遊びの場所の要件　　遊具
3　遊び仲間　28
仲間と遊ぶ　　少子化　　子どもの遊びを支える
4　遊びの意味再考　30
「資質」を育む遊び　　遊びは「純粋経験」である　　遊びの虚構性について　　遊びの欠如がもたらすもの　　「遊びの意味再考」の問題点

第3章 家庭環境と子ども ……………………………… 41

1 家庭の意味　41

2 子どもの育ちと家族関係　44
　　子どもをとりまく家庭環境の変容　家庭の質の変容　子どもにとっての家族とは

3 家庭の教育力　50
　　家庭教育のあり方　家庭教育の課題

第4章 社会環境と子ども ……………………………… 57

1 社会環境の重要性　57

2 子どもの育ちにおける個人と社会　60

3 社会環境の教育力　62
　　家庭の教育機能　地域社会の教育機能　学校の教育機能

4 現代社会と子ども　69
　　少子高齢社会　生涯学習社会

第5章 保育環境と子ども ……………………………… 73

1 保育の場の意味　73
　　子どもが育つ基盤としての家庭　保育の場としての地域社会　保育施設

2 保育環境の設定　78
　　生活環境としての園　保育室　園庭　人的環境としての友だちや仲間、保育者　友だちや仲間との関わり　保育者との関わり

3 保育教材の精選　86
　　遊び道具としてのおもちゃ類　草花の鉢植えや小動物の飼育ケースなど　名画、名曲、絵本や童話、図鑑など

第6章 学校環境と子ども ……………………………………………… 91

1 教育の場としての学校　91

　　学校教育がめざすもの　「生きる力」を育む学校　ともに学ぶ集団としての学校

2 教材の選定　99

　　魅力的な教材　子どもと教材をむすぶもの

3 教室環境の整備　102

　　基本的な考え（教室環境および図書室）　物的環境　教室環境をつくる

4 図書室の整備　105

　　図書室の役割　図書室の整備

第7章 子どもの生活と環境 ……………………………………………… 113

1 生活環境とは　113

2 子どもと生活　114

　　「どのようにあるのか」を問う子ども　生活と遊びの対構造　生活力を育てる

3 教育の契機としての生活環境　123

　　個体と環境　子どもの「依存性」と人的な「人間環境」

第8章 教育環境としての教師・保育者 ……………………………… 131

1 子どもの育ちを支える教師・保育者　131

　　保育者個人としての自立　保育者はなぜ成長しなくてはならないか

2 教師・保育者の資質と研鑽　134

　　保育者の成長のために　園内での研修のあり方　保育者としてさらに成長を継続するために

3 教職の専門性　140

　　　　　経験科学としての教職の専門性　　時間系列でみる「経験」の
　　　　　意味と価値　　カリキュラム、その専門性と責任

あ と が き
人 名 索 引
事 項 索 引

第1章
教育環境の重要性

1　教育環境と子どもの成長

　三つ子の魂百まで、とよくいわれる。これは、幼少期に形成された性格は後年になっても変わらないものだ、という意味である。しかも、幼少期における性格形成は環境によるところが大きい、ともいわれる。そうしてみると、環境は人間の育ちに影響を及ぼす、といえるであろう。

椋 鳩十の場合
　児童文学者・椋 鳩十（1905-1987）は、幼少期を信州の伊那谷で過ごしたが、その時のことを『人間・出会いのすばらしさ』で語っている。鳩十は三人きょうだいで、姉と妹がいた。この姉と妹は、ともに学校の成績がよかったが、鳩十はそうではなかったので、「お前はだめだ」と言われて育った。このため鳩十は悪いことばかりするいたずら少年となった。
　このいたずら少年鳩十に、1つの変革の兆しが訪れる。それは小学校教師・市ノ瀬厚との出会いである。鳩十少年は、この市ノ瀬から「おれの家に来んか」と誘われ、「いたずらばかりしとらんでおれんとこで本でも読んでいけよ」と言って渡されたのが、ヨハンナ・シュピリの『ハイジ』であった。鳩十少年は、この『ハイジ』を、自分の家の庭つづきになっている松林に寝ころがって読むことになったのである。その時の様子を椋 鳩十は次のように言っている。

　　松林の落葉のなかにはいりますとね、羽根ぶとんのようにやわらかく、積もってい

た松葉が、うけとめてくれる。そして、枯れ松葉のなんとも言えないヒリヒリするようなにおいが、からだのまわりにたちこめて、ハッカみたいな松やにのにおいがずうっと流れてきます。

　そこへ行って、ひっくりかえっているとね、おやじの小言などはもう、はるかの彼方ですわ。そこでは、なにを読もうが、大きな声で読もうが小さな声で読もうが、勝手です。だからね、その松林へはいって、ひっくりかえったとたんにね、ずうっと心が解放されてしまうんですな。[1)]

　解き放たれた心で本を読むと、その内容がしみじみと読みとれる。だから、鳩十少年は『ハイジ』のなかに、少女ハイジの汚れのない美しい心、アルムじいさんの深い愛情を読みとり、万年雪をいただいたアルプスの峰や花畑に思いをはせ、またハイジとアルムじいさんが見ているアルプスの夕焼けと自分が見ている中央アルプスの赤く染まっている夕焼けとを二重写しにして自然の美しさに驚嘆するのである。また、「夕焼けは、なぜ、おじいちゃん、こんなに、美しいの」と言うハイジの問いに答えているアルムじいさんの言葉が鳩十少年の心を打つ。

　　人間であろうと、なにであろうと、おわかれするときが、一番美しいんだ。今、太陽がね、地球からおわかれをするあいさつをしているから、こんなにも、人の心を打つのだよ。[2)]

　この言葉に打たれて、鳩十少年には、何年間も、ぼんやり眺めていた自然が、今までとはまったく違って美しく見えてくるのである。

　鳩十少年は、中学生になった時、ツルゲーネフの『猟人日記』を読んで、また感動している。鳩十少年は体が弱かったので、夏休みに父に連れられて鹿塩温泉で静養することになったのだが、この時、英語教師・正木ひろし（後に弁護士となる）から１冊の本を借りた。それが『猟人日記』であった。この『猟人日記』は、ロシアの大自然を背景として農民の苦しい生活を描いた作品で、帝政ロシアでの農民解放運動のもとになった、といわれるものである。

　鳩十少年は、この『猟人日記』を鹿塩温泉の白樺林の中で読むのだが、静まり返った白樺林の中でカッコウの鳴く声を聞き、射し込む太陽の光をいっぱい

受けていると、『猟人日記』の描写と二重写しになって、ロシアの大自然の光景や農民の苦しい生活が偲ばれ、ツルゲーネフの心が椋鳩十少年の心に響くのであった。

このような体験から、鳩十少年は内面的に変わるのである。このような体験、それは心が洗われる感動体験である。感動は人の心を揺り動かすが、この感動体験の大切さを椋鳩十は語っているのである。

ところで、人間は見たり、聞いたり、読んだものを忘れていく。しかし、それらはまったく忘れられてしまうのではなく、心の底にねむっているのである。これを椋鳩十は「前意識」というが、そのねむっているものが、何かの刺激で目をさまし、意識の上にのぼってくるのである。そこで、「『前意識』というのは、人間の思想とその他あらゆるものの上でも、心の中をなすもので、行動の上でもいろいろ影響するんです[3]」と言う椋鳩十の言葉は、幼少期体験の重みを示すものだ、といわねばならない。

前述の椋鳩十の感動体験や前意識の考え方は、彼が育った環境との関わりのなかから生まれたものである。というのも、椋鳩十は「環境」という言葉は使ってはいないが、たとえば、椋鳩十が体験した自然界は、『ハイジ』や『猟人日記』に描かれた自然界と二重写しになって、椋鳩十の内面を揺り動かし成長させた環境にほかならない。別言すれば、椋鳩十は、こうした環境に出会い、感動することによって成長していった、といってよいであろう。この意味で、子どもの成長にとって環境がいかに大切であるかがわかるのである。

また、学校教師・市ノ瀬厚や正木ひろしとの出会いが、椋鳩十の人生に大きな影響を及ぼしているが、子どもは教師との出会いによって成長し生きることへの糧を得る機会に恵まれる。この意味で、教師は子どもにとっての教育環境である、といえるであろう。

椋鳩十は、すべての人間に個性があるといい、人間には人間としての力が与えられている、ともいう[4]。しかしながら、人間にはどんな力が与えられているのか、そう容易にわかるものではない。人間の内に奥深くひそんでいる力は、感動することによって目をさまし伸びていく。椋鳩十は、「感動は心の中に起

こる地震ですよ。心の底からぐーっとひっくり返していく[5]」と言い、「感動はね、その人間の心の中にずうっと眠っておる力を奮い起こさせる[6]」のだ、とも言っている。

　この感動体験が人の心を変え、個性的人間にしていくのである。しかも、この感動体験は出会いによって起こるのである。椋鳩十は、「人間というのは、何に出会い、何に感動するかということが大事だね[7]」と言っているが、これは子どもが親、学校の教師、文学、自然、友人などとの出会いの大切さを述べたものだ、といえる。換言すれば、親、教師、文学、自然、友人などは、子どもにとっての教育環境なのである。

エーリヒ・ケストナーの場合

　椋鳩十と同じく児童文学者であったエーリヒ・ケストナー（Kästner, E. 1899-1974）も、子ども時代に周囲から受けた影響やそこでの体験を書き残している。
　ケストナーは、ドレスデン市で生まれた。父は実直な皮鞄職人であり、母の温かい愛につつまれて育った。このため、ケストナーは父に対する尊敬の念を、母への深い愛を抱くようになった。また、小学生の時、厳格だが、本当はやさしく良心的な教師との出会いや母との徒歩旅行などによる自然との出会いによって、彼は人の世や自然の美しさに触れて人間的に成長する。

> わたしは存在している。わたしはじっさいそれをほんとに喜んでいる。人は生きていることから多くの喜びを得る。もちろん腹のたつことも多い。だが、生きていなかったら、何を得るだろう。喜びなんかない[8]。

　ケストナーはこのように言っているが、この言葉は、子どもを取り巻く環境から人間は生きることを学ぶのだ、というケストナーの表明であろう。
　ケストナーには、特に学校という環境で子どもが育っていく姿を描いた作品がある。それが『飛ぶ教室』である。
　『飛ぶ教室』は、ドイツのある高等中学校でのクリスマス物語である。ここには、勉強のできる子どもとそうでない子ども、家庭的な愛に恵まれている子

どもとそうでない子ども、家庭の貧しさに悩む子どもなどが登場するが、彼らが温かい友情と愛校心で結ばれている姿が描かれている。また、これらの子どもと教師が信頼と愛によって結ばれている姿が描かれている。

　たとえば、学業は首席だけれども、貧しくて旅費がないためクリスマス休暇に家へ帰れず、悲しみに沈んでいるマルチンに、正義先生と呼ばれているベク先生は、マルチンの悲しみの涙をふきとって、往復の旅費を上着のポケットに入れてやるのである。マルチンはうれしさと感動のため感謝の気持ちをどう表してよいかわからず、ただ尊敬とまごころの念をこめてベク先生の手を握りしめるだけであった。

　ここには、子どもを愛する教師、それに応えて教師を信頼し尊敬する子どもの姿がみられるが、それはまた、子どもは心から信頼し尊敬できる教師に出会うことによって成長することが示されているのでもある。

　ケストナーは、少年時代に家庭が貧しくてつらい思いをしたが、学校での友人や特に教師との温かい交流をした体験をもつ。この体験から彼は生きる希望と勇気をもらったのである。だから彼は、「この機会に私はみなさんに心の底からお願いします。みなさんの子どものころをけっして忘れないように！」と言い、「何ごともごまかしてはいけません。またごまかされてはなりません。不運にあっても、それをまともに見つめるようにしてください。何かうまくいかないことがあっても、恐れてはいけません。不幸な目にあっても、気を落してはいけません。元気を出しなさい！」と言って、つらい時でも、勇気を出して正直に生きることが大切だ、と教えているのである。

　ところで、ケストナーは在世中に2度の世界大戦に遭遇し、そのいずれの場合もドイツは敗戦国となり、子どもは悲惨な状況におかれた。この子どもの姿を見て、ケストナーは子ども本来の姿を捉え、それを描こうとしたのである。『飛ぶ教室』に登場する少年マルチンは、ケストナー自身の自伝的表現だともいわれているが、そこには、子どもは教師からいかに大きな影響を受け成長するかが語られている。

　要するに、子どもには人生を導びく師が必要なのである。ケストナーが、「い

や、いや、ぼくたちには、教師としての人間が必要なのだ」と、フリッチェ少年に語らせているのはこのゆえである。このことからいえば、子どもにとって、大人——特に、親、教師——は子どもの身近なところで生きて働く教育環境である、といわねばならないだろう。

　子どもは環境の中で、またその環境の影響を受けて成長する。このことを椋鳩十やケストナーの言説からみてきた。彼らの言説からは、信州での風土や自然との関わりと体験、小・中学校時代の恩師との出会い、その恩師に勧められた文学との出会いが、椋鳩十の成長に大きな影響を及ぼしていたことがわかるし、高等中学校での友人や教師との温かい交流が、ケストナーを育てたことがわかる。

　子どもを取り巻く環境は、広く大きくて、捉えどころがないようにも思われる。しかし、椋鳩十やケストナーにとっての環境は、彼らが日常生活の身近かなところで、見たり、聞いたりして、直接に体験し実感できるものであった。そうしてみると、直接に体験し実感できる環境が教育的作用を及ぼすのであり、これを教育環境といってよいであろう。

　また、椋鳩十やケストナーは、環境と関わることで感動体験をしている。感動体験をすることで、感性が磨かれ人間的に成長している。このことから、子どもに感動を呼びおこす環境は教育環境である、ともいえる。

　以上を要するに、子どもの人間的で豊かな成長を促すものは、子どもの日常生活の身近なところで直接に体験し、感動をおぼえる教育環境である、といってよいであろう。

2　教育環境の思想

　子どもの成長は、彼らを取り巻く環境やそこでの体験による影響が大きい。そのために、ここでは特に意図的な教育の場のあり方を、次の教育思想家から学びとりたい。というのは、これらの教育思想家は教育環境を重視した人たち

だからである。

ロバート・オーエン

　イギリスで17世紀に起こった産業革命は急速に進展した。この産業革命は社会に大きな繁栄をもたらしたが、その反面で社会構造や社会環境をも大きく変えた。その結果、貧困にあえぐ人々が増えるとともに、社会道徳の低下がみられるようになった。

　このような状況のなかで、ロバート・オーエン（Owen, R. 1771-1858）は、1800年から20数年にわたってスコットランドのニュー・ラナークで紡績工場主として、その経営に携わった。彼は紡績工場の収益を労働者に還元するとともに、協同組合組織の村をつくり、そこに学校を開設して教育にも力を注いだ。

　オーエンの教育理論は、人間の性格は環境によってつくられるという性格形成論に基づいている。この性格形成論は、産業革命の進展にともなって生産が手作業から機械にとって代わられ、その結果、失業者の増加と貧困化が深刻となり、かつ人々の無気力・悪習の広がりをオーエンが目の当たりにしたことに由来している。彼はまた、当時の社会制度や因習によって人々が無知であったことが、貧困な人々を生んだとも考えている。そこで、よい環境をつくり教育することで、人間の性格はつくり変えられるし、無知をなくすことができる、と考えたのである。

　このように考えて、オーエンが開設したのが性格形成学院であった。この学院では、歩けるようになった子どもから成人までが学べるようになっていた。その概要は、およそ次のとおりである。[14]

（1）　6歳までの子ども

　この年齢までの子どもの教育は、働く両親に代わって子どもの世話をし、両親が安心して働けるように助けることを基本とする。子どもの遊びを中心として野外活動も導入し、年齢が進むにつれて初歩の学習をするように考えられている。

（2）　10歳までの子ども

この年齢の子どもには、読み・書き・計算、裁縫・編物が教えられ、心身の健康のためにダンス・音楽が教えられる。また、天気のよい時には、学院の近隣に出かけたり、自然や人工の製作物を実地に調べたりする。
（3）青少年
　工場で働いたのち、夕方からの学習で、読み・書き・計算、裁縫・編物などの能力を向上させたい者のために授業がなされる。また、これらのほかに学びたい教科を学ぶことができる。
（4）成人層
　成人層のためには、読み・書き・計算、裁縫、会話、ダンス・音楽の学習が用意されていて、それらが特定の時間でなくても自由に学べるようになっている。
　オーエンの性格形成学院では、人々が教育を受けていなかったことから、基礎的知育として読み・書き・計算の力を養い磨くこと、裁縫・編物による技術力の養成、心身の健康のためにダンス・音楽・戸外活動の導入などが考えられていた。そのために、性格形成学院では、自由な活動ができる広場、明るくて活動を容易にする部屋、実物を主とする教材が用意されたのである。元来、オーエンは、人間は生まれながらにして善の本性をもっている、と考えていたので、前述のように環境を教育的に整えることで望ましい人間形成ができるとしていたのである。
　ところで、オーエンは単に教育環境を整えさえすれば教育ができると考えていたのではない。彼は、人間は幸福を求める存在であるとして、「最大多数の最大幸福」をめざし、この幸福を実現するための人間形成──性格形成──をしなければならない、としたのである。そのために、オーエンの教育では、「自分のお友だちにけっしていじわるしてはいけません。それと反対にお友だちを幸福にするのに全力を出すようにしなさい[15]」と、繰り返し教えられたのである。ここに、オーエンは愛と理性による教育を説いていたことがわかる。
　すべての人の幸福を願い、愛と理性による教育は、教育の場に安らぎと温かい雰囲気をつくり出す。人間はこの雰囲気のなかで知らず知らずのうちに善き

人間として育ち、他者とともに幸福のうちに生きる人間となりうるのである。そうしてみると、オーエンは安らぎと温かさのある雰囲気の場が教育環境であるとしていたと捉えることができる。人間はこの教育環境の中で、互いに信頼し助け合って、生きる希望を見出すことができるのだ。

　以上、オーエンは幼少期から成人期までの教育に教育理念、教育内容、教育方法、教材など、多様な面から教育的環境を考え、教育実践をしたのである。

ジョン・デューイ

　経験主義教育を提唱して現代教育に大きな影響を及ぼしたアメリカの教育学者ジョン・デューイ（Dewey, J. 1859-1952）は、環境を重視した教育思想を披瀝している。すなわち、科学技術の発達による工業化で社会環境の変動が進む19世紀後半のアメリカにあって、教育もまた、その変動に応えるべきだとして、環境に注目した教育論を展開した。

　デューイは、教育のありようを考える場合、2種の教育作用がある、とする。

　その1つは、無意図的教育である。この教育は社会生活のなかにみられる。社会生活は人間の共同生活でもあるが、その共同生活そのものが、人間を教育するのである。換言すれば、共同生活を維持・発展させるためには、共同生活のなかで互いの経験・知識・技術（職業）・慣習・信仰・文化などを伝え合う必要があるが、この伝え合いが教育でもある。

　というのも、人間は伝え合うことによって、互いに影響し合い、自分の経験を改め、知識を豊かにし、自分の考え方や態度を改めたりするのである。この社会生活での伝え合いとそれによる自己変革は、無意図的な教育作用なのである。

　その2は、意図的教育である。前述の無意図的教育は、ある社会環境の中で、無意識のうちに何らかの感化を子どもに及ぼすことであるが、社会環境は自然環境、地理的条件、経済、政治、制度、文化、伝統、信仰、生活様式など、広い領域を含んでいる。そのうえ、社会はたえず変動しているがゆえに、固定的に捉えられない。このことから、子どもに伝えるものを選択し単純化して用意

し、それを伝える場所が必要となる。それが学校である。

その学校は意図的教育の場所である。いわば、学校は子どものために用意された環境である。デューイによると、学校では「間接に環境を手段として教育する[16]」のである。

ところで、デューイは学校には3つの職能があるとする[17]。

① 単純化された環境を提供する。
② 環境の中から無価値な部分を取り除く。
③ 広い環境と生きた関係に入るように努める。

この3つの職能を約言すれば、「社会環境の雑多な感化影響を秩序だてる[18]」ということである。

前述のように、デューイは環境を取り込んだ学校教育を提唱している。当時の学校は教科中心・教科書中心の画一的教育であり、子どもにとっては聴く学習、したがって受動的学習であった。すなわち、学校は生活から孤立していたのである[19]。このことから、デューイは、子どもが学んだことが社会生活のなかで生かされないとし、これからの学校は社会生活に結びつけて組織されるべきだ、と考えた。

また、デューイは、子どもは未成熟なるがゆえに、多岐にして複雑な社会環境を学ぶことはできないので、学校では子どもにとって必要不可欠の社会生活（環境）の要素を選び出して、それを媒介として生活を通して子どもに学ばせるべきだ、と考えていた。デューイが学校は「選択した環境を必要とする[20]」と言っているのは、このことをさす。同時にここには、学校は意図的教育を施す場であり、この学校は精選された教材を備えた教育環境であることの必要性が指摘されているともいえる。

デューイは、また、「子どもが共同行為をするように助ける[21]」と言っているが、これは教育は子どもの活動を中心として行われるべきことを示すとともに、準備された教材を用いて、別言すれば間接的に教育環境を手段として教育がなされるべきだ、ということを指摘したものでもある。ここに、デューイが環境を重視した教育を提唱していたことがわかる。

前述のように、デューイは環境（学校）の中で環境を媒介として活動することを通して子どもが学ぶ教育を説いた。それは、子どもは外から何かを注ぎ込む空の容器のようなものではなく、自らたえず成長し続けている存在である、と彼が考えるからである。子どもは未成熟である。しかし、子どもは伸びる芽をもち、かつ伸びつつあるのである。子どもは活動することによって伸びるし、成長する。デューイが「成長としての教育[22]」と言っているのも、このことをさす。

　ところで、子どもが活動して成長するのは、環境と関わることによってである。すなわち、子どもが環境に働きかけることによって、環境が子どもに働き返すのである。それは子どもと環境の相互作用といえるであろう。この意味で、デューイは教育における環境を重視し、雑多な社会環境を精査して、それらを単純なものから複雑なものへ、やさしいものからむずかしいものへと秩序だて、組織化して教育環境をつくることを提唱したのである。

マリア・モンテッソーリ

　イタリアが生んだ教育実践家にして教育思想家マリア・モンテッソーリ（Montessori, M. 1870-1952）は、子どもの環境を重視した人である。それは、医師であった彼女が、知的発達遅滞児に関わった時、適切な環境が用意されれば彼らも健常化していくのを知ったことに端を発している。

　子どもの特性は、環境を吸収することにある。子どもは、本来、何の知識ももたず、能力も「無」に近い状態で生まれてくる。とはいえ、子どもは「吸収する心」をもって生まれてきている。この吸収する心は強力に環境を吸収し、子どもの人間形成の基礎づくりの働きをする。

　ところでまた、この吸収する心は無意識的な精神力であって、環境を全体として吸収するのである。それは写真のフィルムが外界全体を瞬時にして写し取るのにも似ている。そのことをモンテッソーリは、子どもは「すべてを一度に吸収することによって、分割されない全体をとらえる[23]」と言い、「子どもが吸収したものは、その人格の最後の部分として残る[24]」とも言っている。吸収した

ものが最後まで残るのは、「子どもは、自分の環境を吸収し、自分自身のなかに肉体化する[25]」からである。

ここにいう環境とは、子どもを取り巻く社会・自然・文化・慣習・言葉などである。しかしながら、こうした環境はすべてが子どもにとってよいものとは限らない。むしろ、子どもの人間的成長にとってよくないものが多いともいえる。そこで、モンテッソーリは、教育上、子どものために環境を整えることを提唱する。整えられた環境の中でこそ、子どもはよく成長する、と考えるからである。

モンテッソーリのいう整えられた環境とは、落ち着いた雰囲気のある家庭のような場所のことである。そのような場所として、彼女は「子どもの家」を提唱した。この「子どもの家」は、子どもが自ら活動ができるように提供された環境である[26]、といえるであろう。モンテッソーリは次のように考えている。

（１）「子どもの家」は、子どもの精神を解放する場所である。子どもは本来的に活動を好むので、モンテッソーリは何よりも子どもの自由活動を重視する。子どもは活動することによって自己発展し、精神を解放する。この意味で、「子どもの家」は、子どもが精神解放のできる場所なのである。

（２）「子どもの家」は、美的な場所でなければならない。そのためには、「子どもの家」には明るい美的な家具・調度品が備え付けられ、美しく手入れされた教具、日常生活での実物の教材などが用意されるべきである。こうした美的に整えられた環境の中で、子どもは自然に美的感覚を育み磨いていくのである。

（３）「子どもの家」は、小動物を飼育したり、草花を育てたりできる場所である。子どもたちは生き物に接することによって多くのことを学ぶ。すなわち、小動物の飼育や草花の栽培によって、生き物には空気・水・土・光・熱・食べ物などが必要であることを学ぶだけでなく、動植物の成長の姿や生命（いのち）の営みの神秘を学ぶのである。それは宇宙の摂理の学びであるともいえる。この学びをモンテッソーリは「コスミック教育」と呼んでいる。

モンテッソーリは、前述の整えられた環境としての「子どもの家」には、子どもの心身の発達に適合した調度品、教材などを備えるべきだ、という。しか

も、特に教材は子どもの興味・関心を呼び起こす魅力的なものを用意すべきだ、という。というのも、こうした教材によって、子どもは自発活動をするからである。

しかしながら、子どもが興味・関心をもって自発活動をするような魅力的な教材を用意するのは容易ではない。そこで、魅力的な教材を用意するには、子どもの発達や欲求をよく観察することが大切となる。と同時に、子どもが活動できる場所（「子どもの家」）を、どのように構成し整えたらよいかを子どもの観察を通して考えていくことが大切だ、とモンテッソーリはいう。この観察を通して、子どもにとって最良の環境が構成できるからである。

3　教育環境の要件

最近、子ども学部とか、子ども学科を設けて、子ども研究を進めようとする大学が増えてきた。このような傾向がみられるのは、子どもについての多面的研究が必要であること、環境の変化が子どもの育ちに大きな影響を及ぼしていることに、人々が気づいてきたからであろう。この意味で、教育環境の研究が進められねばならない。

教育環境の準備と提供

近時の社会変動は急激であり、人々の生活は豊かで便利になったが、反面において、核家族化、価値観の多様化、地域社会の連帯意識の希薄化、生きる目当ての不透明化などによる子ども育成のあり方が問われてきている。

人間は生まれると、その環境の影響を受けて成長する。そのことをすでにルソー（Rousseau, J. J. 1712-1778）が指摘している。彼は、人間は何ひとつもたないが、学ぶ能力をもつものとして生まれてくるといい、大人になった時に必要とするすべては教育によって与えられる、という。[27] そして、ルソーは、自然環境（自然・事物）と社会環境（人間）のいずれかによって、人間は教育され成長していくのだ、としている。

人類の未来は子どもの育ちにかかっている。しかも、子どもの育ちは環境の影響が大きい。
　このことから、幼稚園教育要領（平成10〔1998〕年12月）や保育所保育指針（平成11〔1999〕年10月）には、その総則において、子どもが情緒が安定して主体的な活動ができる環境を用意することが謳われている。また、小学校学習指導要領（平成10年12月）や中学校学習指導要領（平成10年12月）には、その総則において、子どもの人間として調和のとれた育成をめざして、地域や学校の実態等を考慮して、適切な教育課程を編成することが謳われている。
　ここにいう「地域や学校の実態」とは、子どもを取り巻く環境のことである。それは、たとえば、小学校学習指導要領解説総則編（平成11年5月　文部省）の第3章「教育課程の編成及び実施」のなかに地域環境があげられていることからもわかる。このことから、教育や保育は環境に注目し教育課程に生かされねばならない。
　しかしながら、子どもを取り巻く環境は広範囲にわたる。このため、教育や保育の場では環境を教育的に整理して、それを子どもに提供することが求められる。

教育環境要件の試論
　では、どのようにして教育環境を用意し、子どもに提供するのか。その要件と考えられるものを試論的にあげてみたい。
（1）　生活に密着した教育環境
　子どもは時間的にも空間的にも、まず身近な具体的な生活から学ぶ。というのは、たとえば、過去や未来の生活よりは、現実の生活体験を通して実感的に事象を学びとるのであり、また遠く離れた国や地方よりも、現実に住んでいる場所の事象を生活を通して確実に学びとるからである。
　それゆえに、教育環境では子どもが日常生活のなかで見たり聞いたりして直接体験している事象を教材として導入し、生活感があるようにすることである。しかし、この際、子どもの発達段階や興味などを十分に考慮して精選すること

が何より大切となる。
（2） 単純化された環境
　現代の社会生活は多様にして、かつそれらが絡み合っている。そのため、子どもは社会生活の一つ一つの事象に参画することはむずかしい。また、子どもが漫然と社会生活に参画しているだけでは、社会事象の重要性や意味は子どもには伝わらない。それは、あたかも森を見て木を見ないように、政治・経済・科学・芸術・宗教などの多様な社会事象を的確に理解しえず、子どもを混乱させるだけだ、といえる。

　さらにまた、子どもを取り巻く多様な環境は、そのすべてが子どもにとってよいものとは限らない。むしろ、望ましくないものも多い。そのために、未来に生きる子どものために、よくないと考えられるものは除去し、伝えてよいと考えられるもの（教材）を精選し準備する努力が必要なのである。

　こうして、学校や幼稚園などでは、子どもたちにわかりやすくて学びやすい単純化した教材（環境）を準備し提供することが任務となる。

　ここに付言すれば、単純化した教材とは、子どもの発達段階と理解の程度に応じて、子どもの生活のなかから基本的な社会事象や自然事象を選択したものであり、その選択されたものが簡単なものから複雑なものへと問題解決につながっていくように組織されたものである。子どもは、こうした教材を媒介とした学びを通して成長していくのである。

（3） 温かい人間関係
　元来、人間は人間関係のなかで育つ。特に、子どもは温かい人間関係のなかで育っていく。とはいえ、近時は社会でも家庭でも、また学校などでも人間関係が希薄になった、といわれる。このために、温かい人間関係を取り戻すことが求められているのである。

　温かい人間関係の必要性を教育・保育の場に限っていえば、①子ども同士の関係、②子どもと教師（保育者）の関係が問われる。

　子どもは、生来的に仲間を形成して育ち合っていく。しかし、現今の子どもは、少子化の傾向もあって、仲間で育ち合うことが少なくなった、といわれる。

このために、子どもの集まる学校などで、温かい交流ができるように図る必要がある。この交流は、子どもたちの間で自然に生まれるのが望ましいが、いつでも望ましい交流があるとは限らない。そのために、教師にはクラスの子どもの動向をよくみて、温かい交流ができるよう導びくことが求められる。

しかし、この場合、子どもと教師の間に信頼関係がなければ効は奏さない。リード（Read, K. H.）は、「先生の最初の仕事は、子どもとの間に信頼関係をつくりあげることである[28]」と言って、子どもと教師の間の信頼関係が重要であることを説いている。

子どもと教師の信頼関係は、教師がどれほど子どもを理解し、心を開いて子どもに接しているかに基づくし、教師の人間観や生き方に基づいている。子どもは教師の態度や子どもへの接し方を通して、それを見ているからである。

教師が温かく子どもに接していると、子どもは敏感にそれを感じとり、自らも心を開くようになる。こうして、子どもが教師を信頼すると温かい人間関係が生まれ、そのなかで子どもは人間として成長していくのである。このように考えると、教師は重要な教育環境である、といえる。

(4) 明るい雰囲気

人間は雰囲気に影響されることが大きい。雰囲気は、知らず知らずの間に、人間の心にしみ込む。人間には明るい雰囲気が大切である。明るい雰囲気のなかにいると、生きることへの希望が沸き出てくるからである。こうしたことからいうと、まず教師が明るくなければならないし、教室や保育室に明るい雰囲気をつくるように努めなければならない。

教室や保育室に明るい雰囲気をつくるためには、展示物や花などで明るくすることである。また、部屋をきれいに整え、清潔にすることである。ブロフィーら（Brophy and others）は、教室や保育室の整備は教師の創造性の能力や個人的な好みによることが多いけれども、基本的には子どもの発達を促すさまざまな刺激を与え、多様な経験を提供するように計画されねばならない、とする[29]。

明るい雰囲気は、以上に述べたいくつかの要素が絡まり働き合ってできるものである。子どもたちは、こうして醸し出された雰囲気のなかで、明るく育っ

ていくのである。

　リードは、教師の役割は、ある環境を与え、そのなかで経験させ、最も望ましい方向に発達するように子どもを助け導びくことであるといい、子どもたち一人一人が独立した人間として発達し、あらゆる学習の機会を喜び、また、そこから何かを得るように手助けすることである、とも述べている[30]。このような役割を果たす前に、教師は何よりも人間的でなければならない。というのも、子どもは、教師その人から学ぶからである。

　では、どのような教師が望まれるのか。リードは、感性豊かで、応答的であり、想像力やユーモアのセンスがある教師、そして、何よりも子どもが行動を通して何を言おうとしているのかを「洞察をもって聞く第３の耳を持った」教師である、という[31]。要するに、教師は誠実でなければならない、ということであろう。子どもは誠実な人に出会うことによって人となれるからである。このことをさらにいえば、子どもにとって、教師は重要な人的教育環境である、ということである。

教育環境整備の課題

　以上に、教育環境の要件とそれを満たす方策について、私見を述べてきた。しかしながら、これらの要件を満たすことは、言うほどに容易ではない。というのも、子どもが生活している家庭や地域の状況、子どもの個性や発達の多様性などのために、教育環境の要件を満たすことは容易でないからである。

　とはいえ、教育・保育においては、子どもの人間的成長のために教育環境を整える努力はしなければならない。困難であり、すぐに効果が現れないかにみえるが、子どもの欲求や発達の様相を見守り洞察しながら、少しでも教育環境を整えようとする努力を続ける限りにおいて、子どもの成長を助けているのである。換言すれば、ここに教育がある、といえるのである。

　１）椋 鳩十『人間・出会いのすばらしさ』　あすなろ書房　1990年　36−37頁。
　２）同上　39頁。

3）同上 59頁。
4）椋鳩十『感動は心の扉をひらく』 あすなろ書房 1997年 16頁。
5）同上 53頁。
6）同上 54頁。
7）同上 80頁。
8）エーリヒ・ケストナー、高橋健二訳『わたしが子どもだったころ』（ケストナー少年文学全集7）岩波書店 1962年 53-54頁。
9）エーリヒ・ケストナー、高橋健二訳『飛ぶ教室』（ケストナー少年文学全集4）岩波書店 1962年 19頁。
10）同上 23頁。
11）馬場結子「新教育期の子ども観の展開」関西教育学会紀要 第29号 2005年 1頁。
12）エーリヒ・ケストナー、前掲『飛ぶ教室』231-232頁。
13）同上 117頁。
14）ロバート・オーエン、渡辺義晴訳『社会変革と教育』明治図書 1977年 16-18頁。
15）ロバート・オーエン、斉藤新治訳『性格形成論』明治図書 1974年 57頁。
16）ジョン・デュウイ、帆足理一郎訳『民主主義と教育―教育哲学概論』春秋社 1952年 23頁。
17）同上 24-26頁。
18）同上 26頁。
19）デューイ、宮原誠一訳『学校と社会』岩波文庫 1957年 79頁。
20）ジョン・デュウイ、前掲『民主主義と教育―教育哲学概論』45頁。
21）同上 47頁。
22）同上 48頁。
23）Maria Montessori, *The Absorbent Mind*, Kalakshetra Publications, 1973, p. 86.
24）Ibid., p. 66.
25）Ibid., p. 68.
26）*A Montessori Handbook*. Capricorn Books, 1966, p. 41.
27）ルソー、樋口謹一訳『エミール（上）』（ルソー全集第6巻）白水社 1980年 18頁。
28）K・H・リード、宮本美沙子・落合孝子訳『幼稚園―人間関係と学習の場』フレーベル館 1978年 189頁。
29）Brophy, Good, Nedler, *Teaching in the Preschool*, Harper & Row, 1975, p. 148.
30）K・H・リード、前掲『幼稚園―人間関係と学習の場』187頁。
31）同上 187-188頁。

第2章
遊び環境と子ども

　子どもは誕生直後より泣くことで自分の欲求を訴えようとする。しばらくすると自ら微笑んで人に関わろうとしたり、目の前に物があると手を伸ばしてそれに触り、振ってみたり、口に入れたりし始める。徐々に手や足を自由に巧みに動かすようになり、次第に周囲の人と交わって外で鬼ごっこやかくれんぼをしたり、わらべうた、ごっこ遊びなどをして遊ぶようになる。こうした触れることによる遊びの体験は子どもの育ちを支える基盤になっていくが、今、その遊び環境はどのようになっているのか。また、遊びと子どもの関係、さらに改めて遊びの意味を考えてみることにする。

1　遊びの現状

社会変容と遊び
　子どもの生活は、いつの時代でも子どもを取り巻く環境に大きく影響を受ける。子どもの生活は遊びそのものであるといわれるくらいに、子どもの生活と遊びは深く結びついている。社会の変容は生活に反映されるのであり、生活の様式が変容すると子どもの遊びもまた変化するのである。
　子どもの遊びが大きく変化し始めたのはいつ頃からであろうか。高度経済成長がみられた1955（昭和30）年頃から、会社員が急増した。それにともない住居も農村部から都市部へ集中し始めるようになり、社会全体には効率化・合理化の波が進み、利潤のみを求める風潮も高まる。そのため経済の成長が優先されると、それにつれて、たとえば自然破壊も進んでいった。
　この頃から、家の中には情報入手手段の1つであるテレビが普及し、1960

年代には多くの家庭が保有することになる。また通信手段としての電話は、70年代には2軒に1台、80年代には1軒に1台と普及していった。このテレビと電話の普及によって、子どもの生活においても、時間と空間の認識が変化し始めた。たとえば、遠くに住む祖父母に電話をかけると、瞬時に近況を伝え合え、まだ行ったことのない場所についてはテレビの映像を通して知ることができるようになった。つまり、疑似体験が可能となったのである。また多くの子どもはテレビの普及によって、1960年代から鉄腕アトム、サザエさんなどのアニメによる連続番組やその他の番組を毎日楽しみに見るようになったし、70年代半ばには、ファミコンの先駆けとなるテレビゲームが流行した。80年代にはさらに、ペットを死なせないように大切に育てるという携帯のゲームが子どもたちのあいだで爆発的な人気となった。

　それまで子どもたちは、戸外の自然の中で友だちと一緒に遊ぶことがほとんどといってよかった。しかし次第に、子どもは戸外より室内での遊びを多くするようになっていく。家の中でひとり黙々とゲームをしたり、または数人の友だちと一緒に居ながらそれぞれ別のゲームに没頭するなどが、いま日常的な光景になって、子どもの遊びは大きく変化してきている。

　そこで、2003（平成15）年に調査された幼児の遊びの内容にも目を向けてみたい。図2-1の調査結果をみると、外で思いきり身体を動かして友だちと遊ぶ子どもの姿がみえなくなっている。それは室内でテレビやビデオを見ることが子どもの遊びの中心になってきていることによるといえ、テレビゲームをすることが、子どもの遊びとして、折り紙やままごとをするのと同様の位置づけになってきているようにも感じられる。

　ところで、仙田満はテレビとテレビゲームは本質的に違うといい、テレビはただ受け入れるだけ、見るだけの存在であるが、テレビゲームは参加し、考える楽しさがあり、技術の向上や征服感があって、しっかりと遊びの要素が組み込まれていると述べている。また、それよりも気をつけたい点は、外遊びのできない子の存在や外遊びがしにくい環境におかれる子どもがいることであるとする。テレビゲームを魅力に感じている子どもが外遊びしにくい状況におかれ

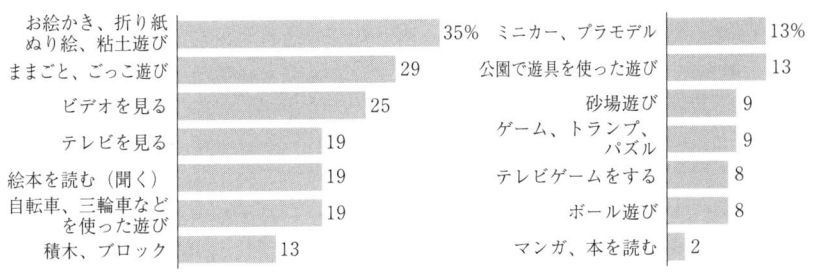

図2-1　幼児の遊び（2003年）

	%		%
お絵かき、折り紙、ぬり絵、粘土遊び	35	ミニカー、プラモデル	13
ままごと、ごっこ遊び	29	公園で遊具を使った遊び	13
ビデオを見る	25	砂場遊び	9
テレビを見る	19	ゲーム、トランプ、パズル	9
絵本を読む（聞く）	19	テレビゲームをする	8
自転車、三輪車などを使った遊び	19	ボール遊び	8
積木、ブロック	13	マンガ、本を読む	2

注：2歳以上の幼児全体。好きな遊びを3つまで回答。
資料：NHK放送文化研究所「放送研究と調査8月号」2003年。
出所：恩賜財団母子愛育会 日本子ども家庭総合研究所『日本子ども資料年鑑2004』2004年、318頁。

ているとしたら、部屋の中でゲームをして遊ぼうとするのが当然の状況だろうという[3]。ただ、体と体をぶつけ合うという外遊びの体験は、テレビゲームでは代償できないと仙田は強調する[4]。確かに、疑似体験でない自分の五感を通した体験は、遭遇した際の葛藤・苦しみ・驚き・喜び・達成などのさまざまな感情が体感によって残り、これらの一つ一つの体験が子どもの育ちの一助になっていくのである。

また、テレビを見る子どもの年齢について2003（平成15）年の調査結果をみると、0歳児で1日1～2時間、また2～3時間見ている子どもが合わせて35％もいる[5]。多くの子どもは生まれた直後からテレビ漬けの生活をしがちであることに目を向ける必要があり、0歳児のテレビ視聴という点では、養育者の態度が大きく関係していると推察できる。

　上述のことを踏まえて、子どもの遊びについて、より全体的に捉えてみよう。子どもの遊びは、概していえば、一方的にいろいろな情報、楽しみ、刺激などを投げかけ、与えてくれる物との接触が大きいと考えられる。特にテレビやビデオは家の中の手近にあり、手軽に使用できるうえ、核家族が多いなかで保有台数も増加し、子どもは、好きな時に、自分の思うように使えるのであり、拘束を受けにくい。その他、既成のものを利用して遊ぶことが多く、自ら考えたり工夫して遊ぶ必要がなくなってきているとも考えられる。

　しかし、保育所や幼稚園で過ごす実際の子どもの姿に目を転じると、たとえ

ばシャボン玉や水遊び、草花を摘み遊ぶ姿をしばしばみかける。これらは昔からごく親しまれている子どもの遊びであり、今に生きているといえる。この点からいえば、遊びを視野に入れた保育者の取り組みが重要だといえる。

子どもの生活時間と遊び

　子どもが日々健康的に遊ぶことを考えるにあたり、子どもの1日の生活時間を知ることが必要である。というのも、子どもの生活状況は養育者の生活スタイルや考えが直接反映される可能性が高いからである。

　まず1点は就寝時刻と起床時刻に目をとめてみたい。睡眠は子どもの活動力を大きく支え、心と体を快活にして遊ぶ原動力となるからである。1995（平成7）年と2000（平成12）年の幼児の就寝時刻を比べると[6]、1995年の状況は午後9時頃に寝る子どもが約27％で最も多く、ついで9時半頃、10時頃と続く。2000年も最多は9時頃であるが、ついで10時頃が多くなる。そして9時半頃と続く。大きな変化は、10時半頃、11時頃というように遅く寝る子どもが増加傾向にあることだ。

　起床時刻は、1995年も2000年もともに午前7時半頃が最も多く、ついで7時頃、8時頃となる。2000年の顕著な変化は、8時半頃、9時以降に起きる子どもの増加である。これは夜型の子どもが増えている証（あかし）であり、子どもの生活が夜型になっている現実には、少なからず養育者の生活スタイルの変化が反映されている。子どもの生体リズムから考えても、早寝早起きをして快眠を保つことは1日の活動が快活となる源であり、健康な体づくりの基礎である。そして、このことは子どもが思いきり体を動かして遊ぶことを可能にすることにつながる。

　もう1点は、習い事について考えてみたい。図2-2は、2000（平成12）年と2005（平成17）年の1～6歳児の年齢別の習い事をしている子どもの割合を示している。まずいえることは、どの年齢でも習い事に通う子どもが確実に増えているということである。年齢が高くなると、大半の子どもが家庭・保育所・幼稚園以外のところに定期的に出かけている。5歳児は70％前後の子どもが、

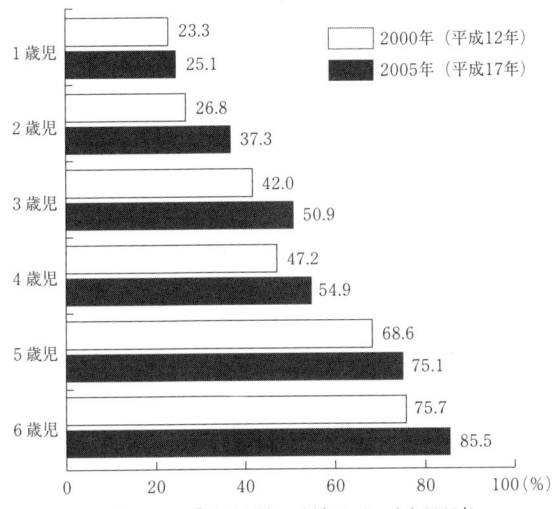

図2-2　1〜6歳児の習い事をしている割合（2000・05年）

年齢	2000年（平成12年）	2005年（平成17年）
1歳児	23.3	25.1
2歳児	26.8	37.3
3歳児	42.0	50.9
4歳児	47.2	54.9
5歳児	68.6	75.1
6歳児	75.7	85.5

資料：ベネッセ教育研究開発センター「第3回幼児の生活アンケート」2005年。
出所：恩賜財団母子愛育会　日本子ども家庭総合研究所『日本子ども資料年鑑2006』2006年、307頁。

また6歳児では80％前後の子どもが習い事に通っている。

　年齢の低い子どもはどうであろうか。1歳児の25％（2005年）がなんらかの習い事に通い始めており、習い事に通う子どもの低年齢化は定着、かつ増加してきている。この傾向は、近所の子ども同士がごく自然に出会い、遊ぶという状況を減少させているともいえる。

　では、習い事の種類にも注目してみよう（図2-3）。男女を含めおしなべて、水泳・スポーツ、定期的な学習教材、幼児教室があげられ、特に女児はピアノ、エレクトーンを習う子が多い。この統計から、まず健康な体を考えようとする親の一面が見受けられるが、学習教材からは早期教育への意識が高いことがみてとれる。幼児教室・語学教室に関しても、養育者による幼稚園・小学校のお受験対策とも考えられる。こうした養育者の意向による習い事は、子ども本来の育ちを支えられるかどうか。習い事は、子どもの遊びの自由な時間を奪ってしまっているのではないか。

　人間として生きていくための健やかな心身の成長を願い支える時期に、子ど

図2-3 幼児のおけいこごと (2003年)

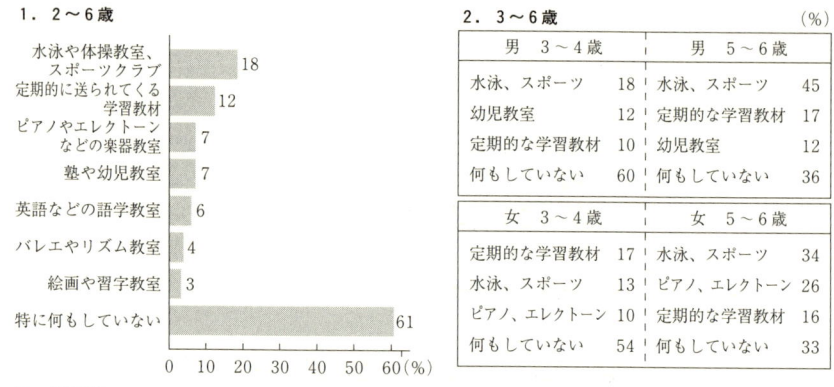

1. 2～6歳

- 水泳や体操教室、スポーツクラブ　18
- 定期的に送られてくる学習教材　12
- ピアノやエレクトーンなどの楽器教室　7
- 塾や幼児教室　7
- 英語などの語学教室　6
- バレエやリズム教室　4
- 絵画や習字教室　3
- 特に何もしていない　61

2. 3～6歳 (%)

男 3～4歳		男 5～6歳	
水泳、スポーツ	18	水泳、スポーツ	45
幼児教室	12	定期的な学習教材	17
定期的な学習教材	10	幼児教室	12
何もしていない	60	何もしていない	36

女 3～4歳		女 5～6歳	
定期的な学習教材	17	水泳、スポーツ	34
水泳、スポーツ	13	ピアノ、エレクトーン	26
ピアノ、エレクトーン	10	定期的な学習教材	16
何もしていない	54	何もしていない	33

注：複数回答。
資料：NHK放送文化研究所「放送研究と調査8月号」2003年。
出所：恩賜財団母子愛育会　日本子ども家庭総合研究所『日本子ども資料年鑑2004』2004年、308頁。

もが1日の生活時間をどのように過ごしていくかは重要である。子どもの成長を支える者として養育者は子どもにどのような充実した時間を守るのかが問われるのである。

2　遊びの場所と遊具

　遊びは周囲の環境に大きく影響を受ける。環境は空間と時間に分けられるが、ここでは空間に焦点をしぼって、子どもの遊びとの関係を考えたい。そこで本節では、特に、物的な面から遊びの場や遊具について考え、次節では人的環境に触れることにする。

子どもと遊びの場所

　遊び場は、子どもが自ら何かに没頭してその場で何時間も遊び続けたり、また友だちと一緒に同じ空間、同じ時間を共有して過ごすところである。

　フレーベル（Fröbel, F. W. A. 1782-1852）は『人間の教育』のなかで、地域社会は子どもたちのために、その社会に固有の共同の遊び場を用意すべきだ、と

強調している。子どもはこの遊び場で共同のものに対する、また共同なものの法則や要求に対する感覚や感情を発達させるからである、という[7]。子どもはこの場でさまざまな人に出会い、物に触れ、体験を通して成長を続けるなかで、彼らのありように影響を受ける。このことから、子どもには共同で遊び、自らも充実して育つことのできる場所が必要なのだといえる。

遊びの場の現状

　最近、街中では自然の空き地や広場が少なくなり、整備された公園や遊び施設が目につく。また、子ども用の施設・子どものための施設は多いものの、それらの多くは大人が管理している。つまり、大人からあれこれ言われない子どもだけの場所というのは、ほとんどなくなってきたといえる[8]。

　ここで、「小学生・中学生が近所にあればいいと思う遊び場」という2001（平成13）年の調査[9]をみてみよう。最近の小学生・中学生が家の近くにあればいいと思う遊び場所は、木登りや泥んこ遊びができる公園や隠れんぼ、冒険遊びができる原っぱや空き地よりも、自由に話したり、ゲームなどができる集会室や、歌ったり、音楽を聴いたり、楽器の演奏やダンスのできるスタジオ、映画や劇がみられる劇場を望んでいる。これはほとんど性差なくみられた結果である。唯一、野球やサッカーなどができる広場については、女子は少数で、男子の多くが希望する遊び場といえる。

　この結果からみえてくることは、戸外で体を動かして遊ぶのではなく、室内で1人、もしくは数人の友だちと過ごす子どもの姿である。ここから想像できるのは、冷暖房完備の室内で寝転がったり、椅子に座ってゲームの画面に向かう子どもであったり、自分の好きな歌を歌ったり、楽器演奏をするといった、1人で何かに取り組む子どもたちといえるのではなかろうか。この状況のなかにあって塾や習い事により遊び時間が減少していることから、子どもはいつでもすぐに短時間で手軽に楽しむことができる遊びに傾倒していくと考えられる。これらは室内で行えるものであり、結果として、部屋の中で快適に遊べる場を子どもは望むようになってきたといえる。

またそれに拍車をかけているのが、幼い子どもや小学生・中学生をねらった残虐な事件であろう。これらの事件が多発していることから、戸外で元気に遊ぶための遊び場が確保されにくくなった。また、自然破壊によって今まで存在した遊び場の消滅もあげられるのであり、たとえば、空き地の周囲が金網ではられたり、池や小川が埋められてしまったり、宅地造成をするために森が伐採されたり、田畑が埋められてしまったりしている。

ところで、「居心地の良い場所」について中学生・高校生にたずねた結果をみると[10]、自宅の自分の部屋が最も居心地がよいとなっており、続いて自宅の居間、学校の教室となっている。若干であるが、コンビニやファミリーレストラン、繁華街や習い事の教室をほっとする場所としてあげる子どももいる。

以上のように遊び場所の現状を捉えることができるが、それならば子どもにはどのような遊びの場所が確保されるべきなのかということが問われる。この点について次に考えてみることにする。

遊びの場所の要件

子どもの育ちを支える遊び場所とは、どのような要素を備えた空間であるかを見極めることが重要である。

仙田満はさまざまな遊び環境調査をもとに、子どもの遊び空間には6つの原空間がある、と指摘する。第1は、自然のスペースである。この空間では、魚つり、虫採り、また泳いだり、木に登ったり、ぶら下がったりする。第2は、オープンスペースである。ここでは子どもは走り回ったり、鬼ごっこ、ボールを使ったゲームや陣とり、なわとび、野球などをする。第3は、道のスペースである。道は子ども同士の出会いの空間で、いろいろな遊びをつないでいく。第4は、アナーキースペースである。廃材置場や工事場などで、ここでは追跡・格闘などをともない、子どもの想像力を刺激する場である。第5は、アジトスペースである。養育者、先生、大人に隠れてつくる秘密の基地である。子どもたちの共同体としての意識を育み、友情、思いやり、時には裏切りなども体験する。第6は、遊具のスペースである。子どもの公園の建設のなかで、こ

のスペースは増加してきている。[11]遊具は遊びが集約され、遊び場の象徴性をもっており、今後も注目すべき場所である。

　以上6つの原空間は重要度の面から、自然・オープン・道という3つのスペースが中心的な空間であり、アナーキー・アジト・遊具のスペースが従の空間である、としている。仙田はこれらのうち子どもの生活圏に少なくとも3つの空間が必要ではないかと強調するが、これらの空間はすべて戸外にあることに目をとめておきたい。実際には、子どもの実態に目を注ぎつつ、子どもが家の玄関を出て、少し歩いた所にこれらのスペースが確保され、出かけやすい状況をつくることが子どもの遊び場所を守る手がかりになるといえる。

　子ども同士で夢中になって遊んだ体験――楽しかったこと、おもしろかったこと、感激したこと、熱中したこと、時に喧嘩をしたり、危険な目にあったりしたことなど――は思い出として残る。この実体験ができる遊び場は子どもにとって必要不可欠であり、子どもの心に原風景として深く刻み込まれるのである。

遊　具

　遊具は子どもの遊び道具の総称である。一般的には、持ち運びが可能な大きさで、手先を使って遊ぶものを玩具というのに対して比較的大きな運動遊具、たとえばブランコ、すべり台、ジャングルジム、鉄棒、雲梯（うんてい）などがあげられる。

　これらの遊具は玩具と同じように子どもの遊びを触発し、活発に展開させるものである。また、全身運動の働きや筋肉の発達を助ける、道具を介して友だちとの関わりを深め、社会力を身につける機会にもなり、子どもの心身の育ちを支える役割を担っている。それだけに、遊具にはその使い方が固定したものではなく、子どもがどのようにイメージするのかによって、バリエーションが生まれる構造になっていることが求められる。

　最近の子どもの遊びは室内遊びやひとり遊びが多くなり、体を動かして遊ぶ体験が減少し、体力や運動機能が低下し、また友だちとの関係がもちにくくなったといわれる。そのなかで、地域の遊び場所や保育所、幼稚園、小学校などに

設置されている遊具を媒介として、友だちと交わる機会をもちながら遊べる意義は大きく、遊び場の広さによって、どのような遊具を設置することが望ましいのかをよく考えなければいけない。最近は遊び空間の減少が指摘されているが、せまいスペースでも、1つでいろいろな機能を兼ね備えている総合遊具を設置するとよいだろう。

　フレーベルは「第四恩物」の紹介をしているが、そこで遊具は思慮深い遊び仲間である大人によって子どもに提供されるようにと指摘している[12]。この指摘は、遊具を設置する際にも、その遊具の本質をよく知っていることの重要性を私たちに投げかけているのである。フレーベルは恩物を子どもに示す際のことについて述べているわけであるが、さまざまな遊具の設置においても本質的な見方は同様といえるだろう。まず子どもの心身の発達を踏まえたものや興味に配慮して大人は確かな目で選択すべきである。

　また共同で使用するという視点から、遊具の管理、安全面、また衛生面などには十分配慮することが大切である。遊具による事故が多くみられることから、子どもが安全でダイナミックに活動できる遊具を準備するように努めなければならない。

3　遊び仲間

仲間と遊ぶ

　じっくりと十分に遊ぶことのできる場所（空間）や雰囲気、遊び込めるだけの存分の時間とともに重要な要因は、一緒に遊ぶ仲間、友だちである。子どもは仲間と遊ぶことで、見立て、動作、振りなどを共有しながら楽しむのであり、また、さまざまな人とのやりとりが社会的人間への成長・発達に影響するのである。フレーベルも子どもは仲間のなかで自己をみたり、自己を感じたり、仲間に照らして自己を測り評価したり、さらには仲間を通して自己認識、自己発見したりするのだという。そのため、遊びこそ直接に生命に働きかけ、生命を形成するとともに、市民としての、また道徳上の、数々の徳を目覚めさせ培っ

ていくのだとし、仲間と一緒に遊ぶことの重要さを指摘している。

　遊び仲間は遊びの集団が背景になっている。遊びを仲立ちとして仲間の関係ができ、繰り返し同じ友だちと遊ぶのである。このなかでリーダーになったり、役割を分担し、共同で集団として何かをやり遂げていく。遊び仲間は、集団として深まるなかで教育的機能を発揮するのであり、子どもは遊び仲間のなかで時には我慢したり、責任をまっとうしたりするなど、生きていくうえで大切な感性を磨く体験を積み重ねていくのである。

少子化

　2006（平成18）年、合計特殊出生率（1人の女性が生涯に産むと推定される子どもの平均数）は1.25と発表された。21世紀半ばには人口が2割減り、高齢化率が3割を超えるといわれているが、その最たる原因は少子化が進行していることによる。こうしてわが国は少子化が顕著である。

　少子化の進行は、つまり子どもの減少であり、言い換えると、きょうだいのいる子どもが少なくなっていることに加えて、一人っ子も増えていることである。子どもは遊びながらさまざまなことを学んでいくが、きょうだいがいる事実によってまず集団の遊びが可能になる。きょうだいが少ないということは、今まで家のなかでごく日常的に行われた集団での遊びができにくいといえる。

　また地域社会における子どもの減少は、必然に遊び集団をできにくくするのだ。すなわち、近所に友だちがいないことも子どもの遊ぶ機会やコミュニケーションの機会を奪うのであり、また、子どものさまざまな遊び文化の伝承が立ち消えていくことも明らかである。遊びうた、わらべうた、四季折々の草花の遊び、集団で行う遊びなど、地域に住む子どもから子どもへと伝わってきた遊び文化は子ども同士の遊びのなかで、また自然のなかで友だちと駆け回りながら受け継がれてきたものである。日常生活のなかで自然に伝わってきた子ども文化[13]、つまり遊び文化は、少子化によって途絶えかけているかにみえる。

　上述のことから、私たちは改めて遊び環境に目をとめるべきといえよう。友だちと一緒に室内や戸外で戯れ遊ぶことは、人間形成のうえで何より大切なこ

とと考えられる。この意味から、少子化傾向にあっても、自立的人間の育成を願ううえで遊びを取り戻すことを考えることが大切だといえる。

子どもの遊びを支える

　子どもの健全な心身の成長・発達を促し、人間的成長を遂げるためには、仲間と自然のなかでさまざまな遊びを思いきり行い、豊かな体験をすることが重要である。豊かな体験は子どもに感動と多くの気づきを与え、それらを手がかりに子どもは多くのことを学んでいく。そういう点では、子どもの周囲にいる大人——養育者・保育者・教師・地域の住民・行政の人々など——がそれぞれの立場において連携して、一人一人の子どもの遊ぶ権利として、遊ぶ機会と遊ぶ時間、遊び場所、遊び友だちを確保できる地域社会をつくることが重要である。これは子どもの文化、遊び文化を確実に継承することにもつながる。このことから子どもが社会的人間として生きる基礎を培う遊びの空間や時間保障を真剣に考えなければいけない。

4　遊びの意味再考

　幼稚園教育要領（平成1〔1989〕年改定）でも重要視されている「遊び」には、個々の子どもの資質としての能力を「分化」させるという特質がある。この意味で、遊びが子どもの全面的な発達を促す成長の「基盤」であることはいうまでもない。事実、遊びは幼児教育の中心に位置づけられ、教育現場では「教育を遊び化」する努力となり、あるいは「遊びを教育化」する努力となって形づくられてきた。

　しかし、遊んでいる子どもの行為や行動の根拠を、まるごと教育として取り上げることが本当に可能であろうか。遊びと教育との相互関係を「発見」したまではよかったが、本来は教育が遊びを「遊び」として切り出し、そこに価値を出現させているのに対して、あたかも遊びが「教育」を支えているかのようにみえている。さまざまの遊び論研究の潮流から、大人がどのような結論を得

るにせよ、子どもは必ず彼らに必要な「遊び」を遊ぶのであり、必要以上の「遊び」を遊ばない。

　子どもの遊びをめぐる問題点は、遊びがあたかも教育の特効薬のように認識され、脅迫的に子どもに与えられることで、遊びの本質が見失われ、遊ばされる子どもたちが増大したことである。そして、さらなる問題とは、この結果、「教育される子どもたち」が急激に減少しつつあることなのである。

　「遊び」は人間の基底的形成に深く関わる営みであり、「人間とは何か」を含む人類全般の思想史的根底に迫る豊潤性を宿している。「遊び」と「教育」とは、少なくとも重ね合わせて一致するほど単純ではない。ここでは「遊びの本質」をめぐって、(遊びを中心とした)現在の保育・教育の問題点に触れる。

「資質」を育む遊び

　子どもの遊びは、遊びが出現すると同時に遊びではないことが押し出され、その遊びではない事柄に反射される形で「遊び」となる。というのは、教育の原初的な営みをする家庭で、親は生活とその秩序のなかに子どもを順応させようとする。子どもは生物学的な遊動(こども行動・幼児原行動)を繰り返しつつ[14]、親の教育的な働きかけとの衝突を通じて、単なる遊動から人間学的な「遊び」へ、いわば造形される。遊んでいるのか、いないのか、その未分化な状態から「遊び」が力強く出現するようになるのは、その出現が自発的で積極性をともない、それが誰にでも容易に賞賛されうる営みであることから、周囲の大人たちによって価値づけられ、暗黙のうちに方向づけられることにある。

　ひとたび遊びが造形され、外部との「関係」が成立すると、遊びはその内部と外部との新陳代謝の関係に入る。造形された遊びが「創造性」を獲得するのは、内部と外部との新陳代謝の関係において、自ら外部に遊びではない事柄を排出し、それが外部(の生活や教育)によって形式(価値づけ)を与えられる時である。

　たとえば乳幼児期においては、遊びの「外部」とは、子ども自身の「身体」であり、自分の指でありながら、そうではない異物として現れている。乳幼児

は生物遊動的な身体運動を通じて、次第に身体という「外部」を内部にとり込み、内化していくのであって、この場合も、さらに外側にある親やその他環境からの働きかけなど、教育的な意味づけによって、無方向な感覚や感情の表出が特定の方向に集中するように絶えまなく教育的な働きかけを浴びながら、遊びから「遊びならざるもの」を分泌しているのである。

　大人の労働や社会制度はそのようにして現れ、遊びから「分化」した。ひとたび分化し外化した諸々の経験の累積は、社会的な強制力となり、同時に教育を発生させたのである。

　遊びを文化現象として捉え、「人間は遊ぶ存在」であり、「すべて遊びなり」と結語したホイジンガ（Huizinga, J. 1872-1945）以来、遊びについて多くの論議が現れ、あたかも遊びこそが文化や文明の根源的な創造力であるかのように遊びを過大に評価する傾向が大衆化された。確かに、遊びと労働の未分化な状態が推定できるし、またそうした名残が現在も数多く伝統や制度のなかに見出される。遊びから労働と制度が析出し、人類は動物から人間に進化したと考えれば、文化の根底に遊びのあることはいうまでもない。

　しかし、子どもの「遊び」が、それ自体として何かを生み出したわけではない。今、目の前で営まれている子どもの「遊び」が、子どもを労働を含む制度の創造や担い手に直接、成長・分化させることはない。

　遊びゆえに子どもの行動を許容する遊び万能主義の背景には、子どもの「遊び」は、子どもをして自動的に「学び」へと進化させるかのような見方があると思われる。が、遊びのなかで自然発生的に子どもに道徳性が出現したり、自然科学が発生したり、社会制度が発生しうるかのように錯誤してはならない。子どもを遊ばせることによって、子どもを労働を含む社会的な生産体制へと成長・分化させることが可能であるとするならば、それは数十万年の人類の歴史を初めからひと息にたどり直すことを、今、目の前に遊ぶ一人一人の子どもに要求することになるであろう。つまり、特筆すべきは、子どもの「遊び」は特殊な営みであるがゆえに、いまだ無規定な、「芽生え」としての段階に停滞するという制約をもっていることなのである。

子どもの遊びを最も特徴づけるのは、「資質」としての「能力の分化」と「芽生え」の力動である。これを一見すると、子どもの全体的発達を促進しているかのようにみえるが、それは特定の能力の集約的な発達の姿ではない。遊びのなかから技能や論理の萌芽（資質能力の分化）や、道徳や倫理の原始的発芽は現れるが、それを子ども自らが根拠づけたり、その根拠を社会的正当性や人間としてのあり方に結びつけて（子どもを望ましい成長へ方向づけて）ゆくのは教育による介入を待たなければならない。

　遊びにおいて、諸々の分化する「資質としての能力」は、遊びの外部から教育によって調整・促進され、発達する。子どもは意味（や判断）を見出し、そこに初めて「社会」をぼんやりと背景化できるようになるのである。子どもの発達は、遊ぶことによって「資質」としての能力を分化し、教育によって「促進」される。促進された能力は、これを子どもが再び「遊び」に生かす（子どもが遊び化する）ことで、そこに段階的な変化が積み上げられ、人間としてのあり方に結びついた強固な「成長基盤」となる。

　こうした遊びと教育との「関係」の意味するものは、遊びそのものはただちに「教育」ではないことである[15]。では、子どもの「遊び」とは、どのような営みなのであろうか。

遊びは「純粋経験」である

　「水遊び」を例にあげてみよう。

　水遊びをしている子どもたちは、揺れ動く水や飛び散る水滴を自らつくりだし、そのような水の現象のなかに心身を投げ入れ、さらに「水」という物質性を際だたせるように働きかける。刻々と事態は予期できない姿で現れ、その現れが子どもの水への介入によって意図に従った姿で現れたり、まったく予想外の姿で現れたりする。水を浴びた友だちの姿は奇妙な姿で現れるし、立っているつもりなのに思うように立てない。子どもは水による現象化を起こし、現象を受動し、新たな現象を起動させる。つまり、働きかけを通じて結果を受動し、その事態を働きかけによって新たな状況に変容させるという展開がいつまでも

続く。この連鎖は疲労や寒さ以外に絶ち切ることはできない。

　ここには遊びの最も本質的な姿が認められる。すなわち、自ら状況をつくりだし、その状況に対応してさらなる新たな状況をつくり、その状況に対応しながら、より新しい状況をつくるということである。その中心に「身体」の活動がある。身体の働きによって活動を産み出し、状況を変化させることができない場合は、遊びが成立しないのである。

　このように子どもは水遊びを「経験」しており、水遊びは「現在」において達成されている。今ここで現れている事態に密着した現在だけの空間内では、時間は現在のまま「性質化」し、柔らかさや冷たさ、あるいは圧力、密度といった性質的表情として現れる。つまり、子どもにとって「遊ぶこと」の時間は過去から現在を貫いて未来に向かっているのではなく、「現在のまま」なのである。

　「遊ぶこと」は必ず過去の経験に現在の経験を重ねた状態で現れる。過去の経験は子どもの「身体」によって現在化され、今ここでの経験に組み込まれて統一される。すなわち、遊ぶことの「経験」は「現在」なのであり、この「現在化」の営みは、胎児の時から絶え間なく続けられており、断絶することはない。これがベルグソン（Bergson, H. 1859-1941）の「純粋持続」であるが、この純粋持続を具体的事象から観察したのが西田幾多郎の「純粋経験」[16]であるといえよう。

　子ども（主体）と対象（水という物質性）と現在（意識）は完全に一体化し、そこに主・客の分離はない[17]。子ども本来の遊びは「純粋経験」としてある。ここに遊びのいくつかの特徴をみることができる。

・現在性をもち、時間は性質的な表情をもって現れる。
・単一的な『統一』において、「こと」として子どもは実在する。
・始まると、ひたすら前進し、他の遊びとは明確に区別され、真剣さの度合いは最も高い。
・意味未然の欲求発現であり、「おもしろい」「たのしい」などの属性はもたない。
・外部との関係を「虚構化」する。

・虚構性は遊ぶことの「動因」となり、遊びではないことを外部に排出することで遊びを活発化する。
・「芽生え」の力動があり、この意味から「資質」としての能力を促進し、「分化」させる。

遊びの虚構性について

　先に述べた子どもの遊びの特徴のうち、「虚構性」についての一例をあげてみよう。

　「オニゴッコ」のなかで次々現れる「純粋経験」は、単なる感覚反応の合計ではなくて、「当為」[18]による統一として現れる。換言すると、素早く逃げる者で「ありたい」という力動によって、その動作と意識は単一の統一として現れるのである。もし「オニ」でなければ、このような動作をする必要はない。このことから、オニという役割すなわち「虚構」は、遊びを成立させる根本的条件であるといわなければならない。

　そしてこの「虚構」が、遊びにおける「純粋経験」の連鎖を実現する原動力なのである。素早く逃げる動作は、追う者と追われる者の統一のなかで現れ、園庭も空も自分の身体も、その時その場のすべての事物が「逃げる」という意識のなかに単一の「こと」として統一されて現れる。逃げることは「世界」であり、世界は「逃げること」として現れる。これは、この時この場から切り離しては成立しない最も豊潤な具体性である。子どもはこの具体性において「実在」と結びつき、生命を生きている。オニゴッコの「オニ」は、オニの「つもり」であること、すなわち「虚構」を演じること（追いかける役割）を実行するために走り回るが、この身体活動はオニであるべき者の走りであり、逃げる者の走りとは異なった走りである。

　このように「虚構」は、身体活動を差異化し、その「差異」を、オニという虚構において統一している。オニはオニの走りでなければ「ならない」、という「当為」が走りを統一しているが、まったく同一の走りは再現することができない。オニという役割が許容する範囲で、走りが差異の束としてまとめられ

ると同時に、反復を通じて許容範囲もろともに身体化され、意識化される。もし、オニという役割を演じることがなければ、「走り」は走ること一般のなかに解消し、反復されることも意味作用ももたず、「経験」として成り立たない。オニで「あるべき虚構」が身体活動と意識を反復させる「動因」なのであって、もしこの「虚構」がなければ、走り回らなければならない理由はない。「オニゴッコ」から虚構を除去すると、単に走る、はねる、叫ぶなどの身体的動作だけになり、その動作や行動の「意味」が失われるとともに、動作そのものも活動力を失う。

　要するに遊びは「虚構」を楽しみ、「虚構」を味わう子どもの営みである。しかし虚構とはいえ、子どもは現実に走り、逃げ、叫んでいるのである。ただ、走る・逃げる・叫ぶなどの動作を、まとまりのある意味体として取り出した時、子どもたちは「鬼」であり、「追う者」であり、「逃げる者」として〈虚構を生きる〉のである。子どもは活発に虚構を産出し、そのことによって流動する時空を定位し、代謝しようとする。時折、外部からの働きかけによってその虚構性が破綻すると、虚偽を用いてさえ、つじつまを合わせようとする。

　「虚構」は客観の現実とは異なっているために、経験を自由に組み合わせたり、分解することがきる。虚構として現実から切り離された「……のつもり」というあり方で、諸々の経験を子どもは組み換え、反復し、身体化する。この虚構が要求する諸々の経験を組み合わせながらその虚構を満たそうとする力動が、遊びの「創造性」である。ゆえに「虚構」は、子どもによって決定されることが本来の遊びの基本的条件である。もし虚構を用いないとしたら、遊びは客体と強く結合するため、子どもは状況を絶え間なく変換する自由を失い、単なる客体の写像に過ぎないこととなり、遊びは完全に形骸化する。

遊びの欠如がもたらすもの

　本来「遊び」は、そこに教育目的も教育効果もあらかじめ設定して成立することではない。初めに「遊び」という現象があり、この現象を分析してみると教師が期待している目的や効果が発見できうることが倒立されて、教育目的や

効果のために価値づけが行われ、目的や効果が期待できないとされる遊びは教師の視野から消滅しているのではないだろうか。

これまでも親や教師は子どもを理解しようと努めてきたが、遊びを通じて関わるほど子どもの遊びの内部環境に立ち入り、むしろこれを侵略するために、かえって遊びが秘匿化し、ますます理解のかなたに遠のいてしまうのである。「遊び」は、教育目的や効果の手応えを求めて具体化される以前に、そのような期待や視線を投げかけるだけでもその精彩を失いかけてしまうほど、実はデリケートである。

「遊び」は子どもの唯一の存在根拠（実在）であり、「差異」の源泉である。遊ぶことのうちに有意義な傾向としての諸々の能力が識別できるのは、子どもの内部では「分化する能力」が展開されているからであり、他方、子どもの基底的能力としての「芽生え」を認知できるからである。この２つのモーメントは「遊び」の最大の特質である。

重要なことは、子どもが「遊ぶこと」において獲得するものが基底的な「資質」であるだけに、遊ぶことの欠如は、その「資質」を反復し、定着させ、諸々の活動へと能力化し、さらに遊びの「外部」へと能力を深化・拡大させ、方向づけ、育成することさえも困難となることなのである。「遊び」をその本質においてみる限り、大人の手による「遊び化」は、遊びの擬態にすぎない。

「遊びの意味再考」の問題点

園庭で、ある子どもは土中に穴を掘り、砂を山盛り、昆虫を捕らえ、紅葉を集め、水に遊ぶ。このような本能的な残基とみてとれる行動は、「ごっこ遊び」にもみられる。先に例示した「オニゴッコ」は、追う者と追われる者の関係では「狩り」であり、「捕獲」である。これは肉食獣、草食動物、魚類にまで広く分布する行動であるが、人間の子どもの場合には、追う者と追われる者とは遊びであるという意識と、遊びにともなうイメージによって「意味」が発生する。捕まえた快感や捕まえられた悔しさをめぐり、「言語」による活発なコミュニケーションが現れる。

このように、具体的事物の獲得やその変形を目的とする行為や、生活の模倣と反復を内容とする活動は「学習行為」であるとともに「遊び」であり、捕獲本能ともいえる動物の遊びと重複し近似した行動を示す場合がある。子どもは「獲得された諸能力」を反復し、これを総動員して遊ぶ。ゆえに遊びは、獲得された諸能力の「定着」と「実践」という意味で、また諸活動の拡張という意味で重要である。遊ぶためには能力が必要であり、その能力の有効性は「遊びを通じて」試みられる。したがって、遊びが子どもの心身に及ぼす発育効果は今さらいうまでもない。

　しかし子どもの「遊び」は、大人の人類的経験的所産その歴史の総体と触れるところで教育的意義をもつ。言い換えると、人類的経験の総体の担い手である子どもに形象化される「遊び」は、人間社会の領野の一部として「文化」なのである。このまなざしを裏切るところから教育の混乱や荒廃が生まれてくる。

　人間が「暮らす」という密度の高い「生活相」との代謝によって成り立っていた子どもたちの共同体が消滅し、人為的な「遊び化」の余地が生まれた。設計された与えられる遊びと、教師のその場の思いつきによる遊びが加わり、さらに「自由あそび」という遊びが加わって、生活のすべてが遊びに彩られることになる。「幼児の生活は遊びである」と声高に叫ぶだけなら結構であるが、子どもの自然性に基づく共同体の消滅の取り返しのつかない影響が、環境破壊と同様にきわめて深刻である。

　これらの問いを広く見渡してみると、小さな現代人ともいえる子どもたちの自然な共同体がその独自のコードに基づいてまずは獲得されなければならない。が、それがきわめて困難であるために、これまで遊びが脅迫的に叫ばれてきた現実に対して、数々の遊びの幻影が与えられ、さらに遊びは商品化されてもきた。この問題は教育学や社会学的問題であるだけでなく、政治的問題であり、大人の問題でもあるために、結論を先取りすれば大人である私たちがそれぞれの立場とどのように向き合うか、その姿勢が問われるためにたえず先送りされてきた。つまり、高度産業社会が倫理的に問われることにもなり、広く自然保護を含めたエコロジカルな問題なのである。

1) 本田和子『変貌する子ども世界』中央公論新社　1999 年　95 頁。
2) 恩賜財団母子愛育会日本子ども家庭総合研究所『日本子ども資料年鑑 2004』KTC 中央出版　2004 年　318 頁。
3) 仙田満『子どもとあそび』岩波書店　1992 年　36 頁。
4) 同上　37 頁。
5) 『日本子ども資料年鑑 2004』前掲　312 頁。
6) 恩賜財団母子愛育会日本子ども家庭総合研究所『日本子ども資料年鑑 2003』KTC 中央出版　2003 年　306 頁。
7) フレーベル、荒井武訳『人間の教育 (上)』岩波書店　1964 年　149 頁。
8) 仙田　前掲書　5 頁。
9) 『日本子ども資料年鑑 2004』前掲　318 頁。
10) 同上　319 頁。
11) 仙田　前掲書　18 - 20 頁。
12) 小原國芳・荘司雅子監修『フレーベル全集 4 巻　幼稚園教育学』玉川大学出版部　1981 年　299 頁。
13) 藤本浩之輔『草花あそび事典』くもん出版　1989 年　258 頁。
14) 遊びは、遊ぶことそのものを目的とするとはいえ、明確な目的をもった行動がいつの間にか遊びに変換したり、逆に遊んでいるうちに、その遊びの過程で特定の観念が目的化するとともに、明確に目的行動といいうる状態に変容することがある。つまり、「子ども行動」は遊びであるとともに遊びではないのであり、どちらともいえない中性的な営みである。子どもの行動は遊びと遊びでないことが未分化のまま、「子ども行動」というべき原初的状態がみられるので、遊びと遊びではないことの境界が曖昧である行動やその現れ方を「子ども行動」、あるいは「幼児原行動」と私は呼んでいる。
15) 遊びは教育によって整えられ、教育によって分化・発展させられうるような諸々の能力の全体的成長が期待され、また実現するという限りで「教育へ向かう」のであって、遊びそのものは教育ではないのである。
16) 西田のいう「純粋経験」とは、意識に現れたそのままの状態であり、判断を加える前の主客未分の「現在意識」である。この静まり返った現在意識は、哲学的思索の文脈における根底として、過剰な部分を可能な限り切り落として現れた最も単一な「経験」の姿であり、この現在意識を解体すると、経験そのものが崩壊する。(西田幾多郎　『善の研究』岩波書店　1950 年)
17) 「経験するというのは事実其儘に知るの意である」「たとえば、色を見、音を聞く刹那、未だこれが外物の作用であるとか、我がこれを感じているとかいうような考のないのみならず、この色、この音は何であるという判断すら加わらない前をいうのである」(西田前掲書　13 頁)
18) 人間は「……でありたい」「……であるべきだ」という仕方で事物と関わりをもち、事柄をつくる。「なるようになれ……」という場合でさえ、そのようなあり方でありたい、という仕組みは変わらない。西田はこれを「当為」、「価値」と呼ぶ。つまり「純粋経験」

という単一の統一力は、「当為」によって統一されているのである。子どもは周囲世界に「……であるべき」姿として、すなわち「……でありたい」という仕方で自己を統一しているのであり、それは「まとまり」として統一に向かう力動があることを意味する。西田の『当為』は、「……でありたい」という意味未然の力動である。この「当為」が統一の力を表象するとき、子どもは「虚構」をもちいるのである。これが「遊び」である。子どもは「虚構」において遊ぶが、しかし自分が本物の「ヒコーキ」や「オニ」だと確信しているわけではない。これは虚構であり、「……のつもり」として「虚構を遊ぶ」のである。(オイゲン・フィンク、千田義光訳 『遊び―世界の象徴として』せりか書房1983年／西田 前掲書)

第3章
家庭環境と子ども

1　家庭の意味

　子どもの生活は家庭や地域、そして保育所や幼稚園等施設で連続的に営まれている。本来、子どもは家庭で両親やきょうだい、祖父母といった家族との安定した関わりのなかで、感情を交流させ向き合って生活している。それが幼児期の社会性を育てる基盤になるといわれている。「子どもは家庭を背負って園にやってくる」といわれるように子どもが家庭で過ごす時間は長く、家庭での影響が大きいために子どもが保育所や幼稚園で示す行動には家庭での生活の反映であるものが多い。

　ところで、家庭という言葉は、日常的に、また成句として、家庭生活、家庭教育というように使用されているが、専門用語としては熟していない。通常は、家庭とは、血縁や婚姻により結ばれた夫婦・親子・きょうだい、祖父母という関係のすべてあるいは一部分からなっているところの家族が、一緒に生活や生計をともにする場であるといえる。

　また、家庭は生活の基本的なニーズである衣・食・住が満たされ、食事、睡眠、衛生などの健康や精神的に安定した生活が維持される場である。そしてその生活をともにする、しかも、そのことを保障し合う人々、その意味での身内や肉親が、家族なのである。家族は、相互の愛情と信頼、相互依存関係に基づいた持続性、永続性の高い集団である。その家族の舞台が家庭であり、その舞台における家族の営みが家庭生活にほかならない。

　片山忠次は「家庭は人間を守り育てる。人間はこの世に生まれ出ると同時に、

家庭の中で育ち、そこで守られながら成長していく。このことから、家庭は人間をより人間らしく育む場所である。……家庭は人間形成の根源的な場所である[1]」と言う。人間としての基礎的教育は一般的には家庭で行われるが、特に幼児期における家庭教育は、人間形成に大きな影響を及ぼす。家庭は、愛情やしつけなどを通して幼児の成長の最も基礎となる心身の基盤を形成する場なのである。また、片山は、ペスタロッチ（Pestalozzi, J. H. 1746-1827）の「人間は内的な安らぎをもたなければならない。そうでないと人生の出来事が、彼に絶え間なき煩累をひき起こすのであり、みずからを助ける（sich zu helfen）ことができないようになり、安らぎのある人には浄福であるものを不幸にし、彼の家政を混乱させる[2]」という『隠者の夕暮れ』の草稿をあげて、「人間にはまず心の内奥に安らぎがなければならない、そうでないと人は幸福を味わうことができなくなる。この心の安らぎを得るところ、それが家庭である[3]」と言う。

　家庭とは、愛情やしつけなどを通して、子どもの成長の最も基礎となる心身の基盤を形成する場であり、家族にとって他のどの場所よりもくつろぎ、安らぎの場である。では、他のどの場所より、くつろぎ安らぎの場となりえる家庭とはどのようなところであろうか。

　第1に、休息できるところである。寝転がったり足をのばしたりしてもよい場所である。緊張せず、肩の力を抜き、ほっとすることができる。そしてそのことの変形として、泣きわめいたり、怒鳴り散らしたり高笑いしたりすることも、ここでは許されるのである。家庭は一般にその成員に対して、他のどの集団よりも寛容である。時として体罰が行われることがあるのも、それを前提としてのことである。過ちをおかしたり行き違いがあったりしてもそれを受け入れられているという安心感が、子どもの側にもあるために、一般にそれによって家庭が壊れることもないのである。

　第2に、食事をするところである。食事は、単に生理的な飢えを満たすだけでない。人間が生きていくために必要な身体的生命を保持する営みである。そして、食事は精神の安定をも保つ。そのように考えると、食事をする場所としての家庭の機能のなかには広い内容が含まれる。「アリストテレスも、紀元前

６世紀ごろの地中海沿岸地域の思想家たちが、家族を、同じ食物容器を使う人々とみなしていた。……食事を共にすることの、家族における意義の大きさは、洋の東西を問わず、古くから認識されていたことになる」[4]。ところで朝食は、起床直後にとるのが自然であり、夕食もまた、床に就く場所でとる時にこそゆっくりと味わうことができる。

第３に、寝て起きるところである。寝て起きるところといえば、そこで衣服を脱いだり着たりする、つまり、文字どおり安心して裸になれる場所であり、入浴するところでもある。

では次に、家庭そのものがもつ機能についてみてみる。子どもが生まれ育つ基盤である家庭の機能は、養護的機能と子どもの発達の課題達成への援助としての教育的機能がある。

まず養護的機能とは、衣・食・住という生活の基本的なニーズが満たされる、人間の心理的安定感のよりどころとして、また、社会的圧力からの防御壁として、精神的緊張や疲れをいやす機能を果たす。親子関係の観点からいえば、家庭の生活の支え合いは、他の集団における仲間同士の助け合いとは異なり、親が子を扶養し、子は素直にその働きを受け、その素直さによって親には張りあいを感じさせるという関係を原型とする。親の子に対するこの姿を、家族全員の相互間にまで広げていくと、それはかばい合い、また、外部に対する護り合いといわれてもよく、家庭に属しつつ家庭外に出て、また戻る人々にとって、母船や防波堤にたとえられたりする。

次に教育的機能とは、家庭は子どもにとって人間形成の基礎が培われる場である。最初の人間関係は母親が全面的に関わる場合が多い。母子関係、ついで父子関係、きょうだい、祖父母、近隣の友達関係へと人間関係が広がっていく。家庭はこの人間関係の学習の場としての役割を果たしている。また、子どもは家庭のなかで、自発的に親の行動を模倣し、体験学習を進めている。とりわけ子どもの身辺自立に対するしつけは、母子関係のもとに行われる。

2　子どもの育ちと家族関係

　子どもは家庭のなかで養護され、さまざまな社会経験を積み、将来の自立に必要な能力を身につけていく。その意味では、家庭は子どもの育ちにとって重要な意味をもつ環境である。家庭のありようは、わが国の社会情勢の影響を強く受けている。

　ひと昔前の日本の家族構造は、三世代同居型の家庭が多く、親以外の多くの大人が子どもに接し、それらが全体として家庭教育を担っていた。住居の様式も長屋が多く、夕食時になるとあちこちで夕食の匂いがたちこめて、子どもたちの声が路地に響き渡っていた。大人たちは、どの家の子どもたちも地域の子どもとして見守り育てていた。そして、地域の人々とのつながりも今より密接で、子どもたちも大勢の異年齢の子どもと接したり、幼い子どもの世話をしたりした経験を豊富にもつなど、子育てを支えるしくみや環境があった。

　戦後の日本は、高度経済成長期をむかえ、右肩上がりの高い経済成長が続き、雇用形態は終身雇用制、年功序列といった形態が中心であった。15歳以上60歳未満の労働力人口も増加し、労働時間も長く、特に男性は家庭より仕事第一という生き方が一般的にみられた。女性は、家庭で家事や育児を担うという専業主婦が多かった。

　その後、日本経済は安定成長期に入り、バブルの発生と崩壊を経て1990年代は経済の停滞が続いた。この間、産業構造の転換、雇用形態の変化、共働き家族や少子化が進んだ。また、特に若い親の意識の上では、個人の生活や家庭を大切にするといった個人や家庭への回帰がみられるようになってきた。しかしながら、「平成17（2005）年版男女共同参画白書」の育児休業の取得状況をみると、在職中の育児休業取得率は女性73.1％、男性は0.44％で男性の取得率が低い。また、総実労働時間は減少したが、依然として有給休暇等が取得しづらい状況となっている。

　わが国の経済社会の急激な変化を受けて、人々の価値観や生活様式が多様化

する一方、社会の傾向として、急速な都市化の進展で、職場と住居の遠隔などにともない、家族の形態や生活様式は変わり、核家族化や少子化、そして地域における地縁的なつながりの希薄化、過度の効率性を重視する傾向、大人優先の社会風潮などの状況がみられる。このような社会状況が、子どもの育ちをめぐる環境や家庭における親の子育て環境を変容させている。

子どもをとりまく家庭環境の変容
（1） 核家族の増加と少子化

　核家族について、厚生労働省の国民生活基礎調査によると、1955年当時860万世帯であったが、2000年には2694万世帯、一方、三世代世帯は832万から482万世帯と減少し、核家族化が進行している。少子化については、厚生労働省によると、2005年には女性が一生の間に産む子どもの人数を示す合計特殊出生率は1.25となり、過去最低を5年連続で更新した。

　家族単位の構成人数は年々減少しており、核家族化はもちろん夫婦だけで子どもをもたない世帯、あるいは単身世帯が増加している。また、子どものいる世帯でもひとりっ子、ふたりっ子という世帯あたりの人数が減少している状況にある。

（2） ひとり親家庭

　近年、ひとり親家庭が増えている。厚生労働省の「母子家庭白書」（2005年度版）によると2003年の母子世帯は122万5400世帯で、5年前より28.3％も急増している。母子家庭の理由は離婚が8割を占めている。離婚が原因で母子・父子家庭が増加している。

（3） 生活のインスタント化、オートメーション化

　環境の変化として生活のインスタント化、オートメーション化がある。たとえば、家庭において母親が生活の知恵を働かせ、やりくりをし、食事の準備をしているという姿が少なくなった。できあいの食品やファミリーレストランに行くなどインスタントにすませることが多く、母親からの生活の知恵の伝えや、生活の手順やプロセスの体験ができなくなっている。

家庭の質の変容

（1） 子どもの変容

　生活時間や遊びなど子どもの生活の変化である。厚生労働省「第3回21世紀出生児縦断調査2004年」の調査によれば、2歳6ヵ月児の普段の遊びで最も多いのは、男女ともテレビである。1日のテレビの視聴時間は2時間未満が半数で、4時間以上視聴している子どもも1割弱いる。また、ベネッセ教育研究開発センター「第3回幼児の生活アンケート」によれば、保育園・幼稚園の通園時間を含めた在園時間は、2005年の平均で保育園児が9時間15分、幼稚園児が6時間5分となっており、増加傾向にある。そして、各種調査をみても、戸外遊びは少なくなり、交友関係も縮小している。文部省（現文部科学省）の中央教育審議会答申において「自分で課題を見つけ、自ら学び、自ら考え、主体的に判断し、行動し、よりよく問題を解決する資質や能力」、「自らを律しつつ、他人とともに協調し、他人を思いやる心や感動する心などの豊かな人間性」、「たくましく生きるための健康や体力」などの資質や能力を、これからの社会における「生きる力」と称している。この「生きる力」の基礎を育むことのできる、時間、空間、仲間の三間の縮小化が進んでいる。

（2） 親の変容

　今日では多くの地域において、子育てを助けてくれる人や子育てについて相談できる人がそばにいないという状態がみられ、自分の子育てに対して戸惑いや不安を感じつつも、それをなかなか解決できない現状がある。仕事との両立がむずかしいという状況もあって、子育ての負担が親、とりわけ母親のみにかかるようになってきている。

　また、少子化が進むなかで、現在の若い世代の多くは、実生活において乳幼児に接したり、幼い弟妹の世話をしたりする経験が少ないまま大人になってきている。このため、親のなかには、乳幼児とはどういうものか、親として子どもにどのように接したらよいのかがわからないなど、育児不安をもつ親が増えている。現在の若い世代の多くは、さまざまな人と接したり、育児能力につながる体験をもったりする機会も、以前の世代に比べると大幅に減っている。

(3) 親子関係の変容

前述のような、若い世代の親の多くがもつ育児不安は、子どもの放任・虐待を生み出しやすくしている。一方、少子化は子どもに対する過剰な期待を生じがちである。また、父親の心理的・物理的不在は母子の密着関係を生み、子どもの社会的自立を阻害しやすくしている。

厚生労働省の全国家庭児童調査によると、親の生活や子どもの養育の意識の

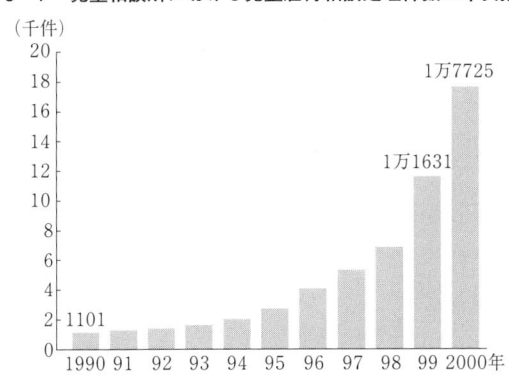

図3-1 児童相談所における児童虐待相談処理件数の年次推移

年	件数
1990	1101
91	
92	
93	
94	
95	
96	
97	
98	
99	1万1631
2000	1万7725

（単位：千件）

出所：厚生労働省「社会福祉行政業務報告」

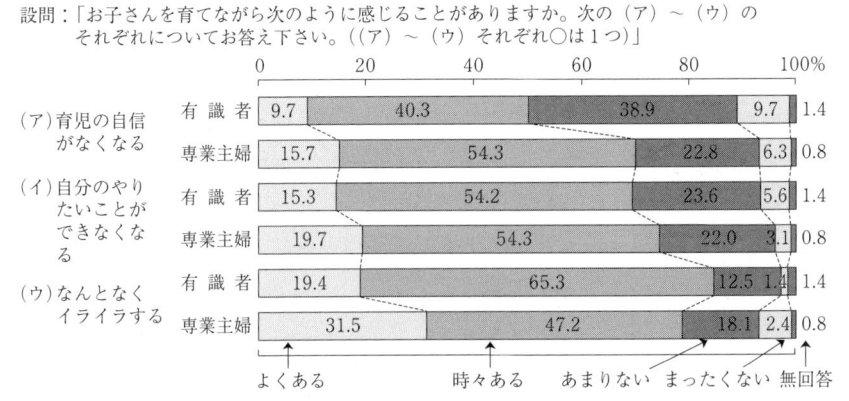

図3-2 母親の就労の有無別にみた育児負担感

設問：「お子さんを育てながら次のように感じることがありますか。次の（ア）～（ウ）のそれぞれについてお答え下さい。（（ア）～（ウ）それぞれ○は1つ）」

		よくある	時々ある	あまりない	まったくない	無回答
（ア）育児の自信がなくなる	有識者	9.7	40.3	38.9	9.7	1.4
	専業主婦	15.7	54.3	22.8	6.3	0.8
（イ）自分のやりたいことができなくなる	有識者	15.3	54.2	23.6	5.6	1.4
	専業主婦	19.7	54.3	22.0	3.1	0.8
（ウ）なんとなくイライラする	有識者	19.4	65.3	12.5	1.4	1.4
	専業主婦	31.5	47.2	18.1	2.4	0.8

注：1．回答者は第1子が小学校入学前の女性である。2．有職者にはフルタイム、パートタイムを含んでいる。
出所：経済企画庁国民生活局「平成9年度国民生活選好度調査」

変容について、①人間関係の希薄化による育児の孤立化、②母親の就労化、一方で父親の家事・育児への参画が進んでいない、③父親の長時間労働や単身赴任の増加、④児童虐待の増加・顕在化（**図3-1**）、⑤家庭で育児に専念している人のほうが、仕事をもちながら子育てをしている人に比べて育児不安やイライラ感が高くなっている（**図3-2**）等が指摘されている。

子どもにとっての家族とは

　乳児は、うぶ声とともにこの世に生をうけると同時に家族に所属し、家族のなかで成長する。この家族のなかで、乳児は父親、母親、きょうだいなどとの生活を通して、自分以外の人間の存在を知る。そして、この他者と関わりをもち生活をしなければ生きてはいけない。

　子どもにとって家族との生活は、社会生活のための基盤である、基本的な生活習慣・生活能力、人に対する信頼感、豊かな情操、社会的なマナーなどを身につけるうえで重要な役割を担うものである。安らぎの場である家庭は、何にもとらわれず普段そのままの自分らしさを発揮できる。家庭で、自分の存在そのものが喜ばれ、大切にされ、周囲の人が自分の思いに合わせて居心地よい体験を重ねることが、子どもの成長に深く関わってくる。子どもの心の基盤は家庭にあるといわれるが、乳幼児期の家族との関わりが、それ以後の人との関わりに大きな影響を与える。

（１）　母親との関わり

　人生をスタートさせる新生児は、母親が全面的に関わる場合が多いので、最初の人間関係は母と結ぶことになる。基本的な生活習慣である食事、睡眠、排泄、清潔、衣服の着脱に関するしつけは、主として母子関係のもとに行われる。また、子どもは家庭のなかで親の行動を自発的に模倣し、体験学習を進めていく。子どもは母親からの安全と健康に配慮しながら、情緒的な働きかけを受身的に受け入れ、母親の日常生活からさまざまなことを学んでいく。母親の行動が子どものモデル学習の対象となる。子どもが体験する母子関係のありようは、その子の将来の人間形成に大きく関わってくる。

(2) 父親との関わり

　ひと昔前は、子育ては母親の仕事であるとして、父親は子育てに直接関わらなかった。女性の社会進出や核家族という人間関係のなかで、近年、コミュニケーションの相手として、母親についで父親の重要性が注目されてきている。また、育児観の変化により、父親が子育てに参加するようになってきた。子どもにとって父親は男性のモデルとなる。子どもにとっての父親は、母親に対してどんな接し方をしているか、一つ一つがモデルとなる。また、ほとんどの父親は仕事をもっている。父親が仕事に意欲をもち、精一杯努力をし、働いている姿は子どもに反映する。河合隼雄は、「母性原理とは包み込む原理であって、子どもを丸ごと受け止める、一種の安全地帯、あるいは船の波止場のような、心の拠りどころとなるもの。父性原理とは切断する、あるいは将来を見通して『お母さんはそう言っているが、やっぱり悪いんだよ』と、1つの方向を指し示す、また、冒険、好奇心、勇気などの1つのモデルを示すのが父親のもつ父性原理である」[5]と意味づけ、家庭内には父性原理と母性原理の調和が大事である、という。子どもは、こうした家庭のなかでは父親の勇敢さや挑戦などのモデルをみることができ、家庭での安定が得られるのである。

(3) きょうだい

　今日、三人きょうだいは減少し、ひとりっ子、ふたりっ子という状況にある。伊田明はその著『ひとりっ子・すえっ子』のなかできょうだい関係について次のように述べている。

　　親子の『たての関係』、仲間の『横の関係』、その両者を併せもった『ななめの関係』が兄弟関係である。それは、お互いに身近な遊び相手であり、モデルであると同時に、葛藤を引き起こす存在でもあるからである。社会的な育ちにとっては兄弟とのかかわりは大切である。子どもは誕生と同時に母親への一方的依存と親の愛情を独占するが、第2子が産まれると、こうした親との関係が脅かされる。親の愛を弟、妹と取り合うようになる。また、今まで自分一人の玩具などが争奪戦となる。兄弟は子どもにとって、ほとんどはじめての競走相手となり、けんか相手になる。子どもの自己主張のぶつかり合いで、嫉妬や敵意、くやしさなどをもちながら、日常的に自分のやりたいことを外に表出する。いくら激しいけんかをしても、無意識のうちに家族という連帯感の中

で許しあっているという実感は兄弟をもつものならばの体験であろう。一方譲り合いや弱者にたいするいたわりなどを身につけ成長していく機会ともなる。また、世話をすることで愛情や思いやりを習得する。弟や妹にとっては、兄や姉の行動をじっと見て模倣しようとする。

(4) 祖父母との関わり

　核家族化、女性の就労化が進むなか、公的、私的な集団保育のほかに、子どもの送迎や病後児保育など、子どもと関わる祖父母は多い。豊かな人生経験に基づいて、若い両親とはひと味違う影響を子どもに与えている。それは、かけ値なしのやさしさで子どもに接してくれ、あたたかく、肯定的に関わってもらえる祖父母の存在は意味がある。また、社会的に引退した世代にとっては、子どもとの触れ合いを通して、新たな生きがいや生活にハリをもち、子どもたちに文化の伝達もなされていく。

　こうした反面、育児方針などの食い違いで、嫁・姑の問題、複雑な人間関係のいやらしさやマイナスの面を子どもは知る。子どもは親との間に挟まれ、人の顔色をみるなどの心理的な影響を受けざるをえない。家族の中の大人が複数で子どもに関わる場合は、子どもの生活に一貫性をもたせる配慮が大切である。

3　家庭の教育力

　家庭の教育とは、親やこれに準ずる人が子どもに対して行う教育のことである。乳幼児期からの親子の愛情による絆で結ばれた家族との触れ合いは、子どもが基本的な生活習慣・生活能力、人に対する信頼感、豊かな情操、他人に対する思いやりや善悪の判断などの基本的倫理観、自立心や自制心、社会的なマナーなどを身につけるうえで重要な役割を担っている。さらに、人生を自ら切り拓いていくうえで欠くことのできない人生観、職業観、創造力といったものも家庭教育の基礎の上に培われる。

　ところで、子育てとは、「子どもに限りない愛情を注ぎ、子どもの存在に感謝し、日々成長する子どもの姿に感動して、親も親として成長していくという

大きな喜びや生きがいをもたらす営みである」[6]。子育ての喜びや生きがいは、わが子の笑顔を見た時やわが子の成長を感じる時であり、家庭や地域社会での人々との交流や支え合いがあって実感できるものである。しかしながら、核家族や地縁的なつながりの希薄さなど社会の変化のなかで、子育てを支えるしくみや環境が崩れているのである。

現在の若い世代の意識や生活様式は多様化しており、それぞれが抱える課題も一様ではない。たとえば、乳幼児をもつ若い母親たちの多くが子どもとの接し方や教育の仕方がわからず悩んでいる。親のなかには、1人で子育てを抱え込み、これ以上自分自身を追いつめてはいけないというほど頑張っている親や、子育てにまったく無関心な親もおり、孤立感をつのらせ、情緒不安定になっている。一方、仕事をもつ親は子育ての時間の不足に悩む傾向がみられる。また、周囲の人の助けを借りながら子育てをしている親もいるが、その母親のなかには、離婚や死別等により、子育てと仕事を1人で担っている親、障害をもつ親や障害のある子どもの親、外国から来た親、周囲の支えをより必要としている親もいるなど、家族の形態も多様化しており、その状況はさまざまである。

家庭教育は、それぞれの親の責任と自覚にゆだねられるべきものであるが、家庭内におけるさまざまな互助機能や子育てに関する世代間伝承機能など家庭の教育力が低下してきている状況にある今日だからこそ、今一度、先人たちの思想に耳をかたむける必要があるのではないだろうか。

家庭教育の意義について、倉橋惣三（1882-1955）は「家族全体が願わくば毎日一度、またせめて数日に一度くらいは打揃って顔をあわせる機会を持つようにしたい」とし、こうした家族が顔合わせの時をもつならば「お互いに家庭生活の楽しみを感じ、その快感が味わわれる中に、互いにいたわるというようなことが自ら出来てくる」、「家族同士はそんな改まったいたわり合い方をしないでも十分に心が通ずる筈である」と述べ、「今日の家庭には、家族でありながら、互いに隠すというほどでないとしても、十分打ちあけた相談をして生活を進めてゆく……相談でない相談、打ち合わせでない打ち合わせというようなものが必ず出来てゆく」[7]と述べ、家族が顔を合わせる時をもつ、家族の団欒は

子どもの家庭教育には必要であるいう。

また、片山も家庭の教育について「居間は家庭の核となるところであり」、「幼児の教育は家庭的な雰囲気の中で行われることを必要とする。それは幼児の心身が、敏感かつ繊細なるゆえである。したがって、幼児の心身は温かい家庭的環境において育まれることが必要」[8]であると言う。

子ども、いや人間にとって、家族の団欒、温かい家庭環境が保障されなければならない。

家庭教育のあり方

人間は、遺伝的な資質の影響を受ける面と、環境の影響を受ける面とがある。乳幼児期は、家庭にいる時間が長く、親、特に母親から受ける影響が強い。そこで、家庭教育のあり方について次のようなことが大切である。

第1に家庭では、父親と母親の両方の責任において子どもを育てる。それぞれがお互いを尊重し合い、人としての優しさ、温かさ、厳しさをもって一致協力して子どもと関わっていくよう努力することが必要である。

第2に、家族が健康であること。子どもが病気であると、親は子どもに対して過保護、過干渉になりやすいので、健康第一にたくましく育てる。特に母親が不平不満をもち、イライラしたりヒステリックに怒ったりすると、子どもに悪影響をもたらすので、母親は身体だけでなく、精神的にも健康であることが大事である。

また、乳幼児期には、しっかり抱きしめ、愛する、あいさつや早寝早起きなどの基本的な生活習慣を身につけさせる。そして、生涯にわたり健康で充実した生活を送るためには、食生活にも気をつけていく。

第3に、親が手本を示しモデルとなる。子どもの社会化のモデルは親であるということである。子どもが親と毎日関わるなかで親の生活態度、ものの見方、考え方を習得していく。父親は男性として、母親は女性としてのモデルになるので親自身の生き方、考え方を正すことである。

第4に、親が子に対する時は確固たる信念をもつこと。親が誠実に一生懸命

生きてきた生き方や貴重な体験を子どもに示すことである。

　第5に、子どもの尊厳性を重視する。子どもは親の子であっても一人の別の人格として捉えることである。子どもは大人の所有物ではなく一個の独立した人格をもつ。子どもの尊厳性を重視し、成長、発達に責任をもつことである。

　第6に、子どもに感動を呼び起こす体験をさせる。感動を呼び起こす体験とは、お金をかけて遊園地や遠隔地にいくことではない。子どもの生活の身近なところにある自然に触れさせることでもできる。自然に触れさせることは、宇宙に触れさせることであるといえる。オレンジ色に輝く朝日、くもの巣、雨の後の虹、入道雲、水のしづく、雪の結晶など自然界の事物事象は日一刻として同じではない。子どもが糞虫、落ち葉、せみのぬけがらをじっくり見て、手で触れる。小川のせせらぎ、鳥の声に耳をかたむけ聞いてみる。森があるから鳥もいる。そして水があり、葉っぱがあり、虫がいるというように、めぐりめぐってつながっている。生きとし生けるものは宇宙のなかに生かされている。自然の神秘や不思議さに対する心からの驚きや畏敬の念を感じさせる体験は、子どもに感動を呼び起こす。

　たとえば、保育園の行き帰りに子どもと一緒に朝焼けの空、夕焼けの茜色の空を見てみる。また、子どもがせみのぬけがらをみつけ、つぶさないように大切に持ち帰って母親にみせるときなど、子どもが驚いたり、喜んだり素直に表現する感動を、親はそのまま受け止め、共感する。親子や家族間の感動の伝え合いが大切である。家庭が、子どもにとって家庭以外のところで見聞きしたこと、感情を揺さぶられた体験を反復し、かみしめる場所でもある。

　第7に、子どもを育てるには不安や悩みはつきものであり、特に最初の子どもの場合には戸惑うことはよくあることで、ひとりで悩まずに周囲の人や地域のさまざまな相談機関等に相談することが大切である。

　第8に、普段から開かれた家庭づくりに努め、困った時にはいつでも助け合えるような人間関係を築いていくことである。

　第9に、子育てを支援する人たちの言葉に耳を傾けることである。家庭にいる女性のなかにはさまざまな力をもちながらその力を活かしておらず、地域で

何かの活動をしたいと考えている人も多いので、子育て経験の豊かな人たちの力を借りていく工夫をする。また、地域の高齢者等に、「人生の知恵者」として子どもたちに文化の伝承や地域のルール等を教えてもらうことである。

家庭教育の課題

　現代の子育てをめぐる社会状況を踏まえると、子育て家庭の支えとなる新しい人間関係、家族関係、地域社会をつくっていくことが必要となっている。

　子どもの視点からみると、子どもの毎日の生活の連続性および学びや発達の連続性を確保することが困難になっている現状がある。たとえば、家庭や地域社会で子どもが育つ場が不足しがちのため、保育所や幼稚園での生活後、家庭や地域社会での生活に円滑に移ることが困難になっている。また、本来なら家庭で身につけているはずの生活習慣が身についてないことなどから、保育所や幼稚園での生活へつながっていく連続性を確保することができにくくなっている。このため、家庭や地域社会における教育力を再生し、向上させるためには、保育所や幼稚園の施設がこれまで培ってきたノウハウを、家庭教育の支援のために活用していくことが必要である。

　保育所や幼稚園において、父親・母親に保育に参加してもらうといった取り組みは、親の特技や経験を活かすと同時に、わが子だけでなく、さまざまな子どもとの触れ合いを通して子育ての楽しさを実感したり、接し方を学んだりする機会になる。また、保育施設等の降園後の園庭開放は、地域の乳幼児をもつ親が気軽に自由に参加できる場として利用されているので、保育所や幼稚園のさらなる取り組みの充実を図ることが望まれる。

　保育所保育指針では、「保育所における保育の基本は、家庭や地域社会と連携を図り、保護者の協力の下に家庭養育の保管を行ない……」とあり、家庭との連携を重視している。

　また幼稚園教育要領も「幼児における教育は、家庭との連携を図りながら、生涯にわたる人間形成の基礎を培うために大切なものであり……」、「指導計画を作成し、指導を行なう際には、家庭や地域社会を含め、幼児の生活全体を視

野に入れ幼児の興味や関心の方向や必要な経験などをとらえ、適切な環境を構成して、その生活が充実したものとなるようにすることが重要である。このためには、家庭との連携を十分にとって、一人一人の幼児の生活についての理解を深め、幼稚園での生活の様子などを家庭に伝えるなどして、幼稚園と家庭が互いに幼児の望ましい発達を促すための生活を実現していく必要がある」と明記している。

このことにより、家庭との連携を十分にとり、子ども一人一人に対する理解を深めるとともに、保育所や幼稚園の生活の様子などを家庭に伝えていくことが求められる。

近年、家庭での子育ての困難さが、「子育て不安」という言葉でクローズアップされている。子どものすこやかな成長の場である家庭が必ずしも望ましい状況にあるとはいえない今日、子どもの成長にとって必要な体験ができる生活を実現させることが望まれる。乳幼児期は、生涯にわたる人間としての健全な発達や社会の変化に主体的に対応しえる能力の育成などを図るうえで、その基礎を培うものとして大事である。保育所や幼稚園と家庭が互いに子どもの望ましい発達を促すためにも考えや思いを伝え合い、互いに理解を深めることが大切である。

1）片山忠次『ペスタロッチ幼児教育思想の研究』法律文化社　1984年　228頁。
2）同上　229頁。
3）同上　229頁。
4）桂　広介ほか編『家庭教育』金子書房　1981年　58頁。
5）森上史郎ほか編『幼稚園教育要領解説』　フレーベル館　1999年　13頁。
6）文部科学省教育課程課・幼児教育課編『初等教育資料―平成17年度版』文部科学省　2005年　23頁。
7）倉橋惣三『育ての心』フレーベル館　2001年　101-103頁。
8）片山　前掲書　238-239頁。

第4章
社会環境と子ども

1　社会環境の重要性

　社会環境が子どもの教育に大きな影響を及ぼすということは、洋の東西を問わず古くから指摘されてきた。たとえば中国の故事に、子どもの人間形成に最善の環境を整えることの大切さを示した「孟母三遷の教え」がある。孔子につぐ代表的な儒家である孟子が活躍したのは戦国時代で、生没年は B.C.372－289 年頃と推定されている。この孟子の母親が、子ども時代の孟子をよい環境で育てようとたびたび引っ越したという故事に由来しているのが、「孟母三遷の教え」である。

　孟子の母は、初め墓地のそばに住んでいたが、孟子が葬送のしぐさをまねて遊ぶので、市場の近くに引っ越した。すると、商売のまねごとをして遊ぶので、学校（儒家が開いた塾）の近くに引っ越した。今度は、礼儀作法などのまねごとをして遊ぶようになり、孟母は初めて安心して住みついたという故事である。この故事は劉向の『列女伝』という本に記載されており、ひと昔前ならわが国でも結構よく知られていた。[1]

　また、古代ギリシャのアリストテレス（Aristotelēs, B.C.384－322）が『政治学』において人間を「社会的動物（zoon politikon）」と指摘したように、人間はともに集まって社会を形成し、生活する存在である。このように、社会こそが人間が生活を営む場であると同時に、社会は人間を人間として成熟させ社会成員として育む場所にほかならない。何よりもまず、人間は社会のなかに生まれ、既存の社会システムや行動様式さらに価値観などを内面化しながら自己の人格を

形成しつつ成熟する存在である。

　まさしく、人間は「教育的動物（zoon paidekon）」なのである。ドイツの大哲カント（Kant, I. 1724-1804）がその『教育学講義』の第1講において、「人間は教育されなければならない唯一の被造物である」と講述したことはよく知られている。そこで彼はさらに換言し「人間は教育によってはじめて人間となることができる」と述べ、人間が社会において教育されなければ人間となれない動物であることを指摘している。もし、人間が人間社会から隔絶されて育った場合はどうなるのか。この問題については野生児についての事例研究がいくつか残されている。その1つにイタール（Itard, J. M. G. 1774-1838）の『アヴェロンの野生児』がある。

　1799年に、南フランスのカンヌの森から、全裸の奇妙な動物が発見された。推定年齢11〜12歳くらいとみなされたこの少年は、当初近くの孤児院に収容されたが、後に青年医師イタールに保護された。そして、彼はヴィクトールと名づけられ、5年間ほどイタールから治療的な教育の後、フランス語の教育が懸命に行われたが、人間社会で生きた30年ほどの間、ついに数語の単語以外に音声言語を話すことができなかったと報告されている。

　イタールの施した人間社会への復帰のための教育・訓練の結果、生活面では目覚ましい進歩がみられたが、なぜヴィクトールが言葉を覚えられなかったかは、現在も大きな疑問として残っている。報告書においてイタールは彼の知的障害を要因の1つとして考慮しているが、今日では彼の発育段階が母語を獲得する臨界期を過ぎていたと推測する考え方が有力である。すなわち、成長発達に必要な臨界期を越えて、言い換えると、発育の適時性（この場合は、言語獲得能力を発育させるのに適切な時期）を逸して人間の生活に戻されたヴィクトールは、言語を獲得できずに推定40歳の生涯を終えたとする捉え方に説得力がある。なおその後、イタールは難聴児に対する聴覚言語教育に取り組み、イタリアの女性精神科医で1907年に「子どもの家」を開設したモンテソーリに大きな影響を与えた。

　また、ゲゼル（Gesell, A. L. 1880-1961）の『狼に育てられた子』という事例

報告もよく知られている。1920年にインドのカルカッタ郊外の小さな村で、狼の洞穴から2人の女児が発見された。1人は推定年齢1歳半、もう1人は8歳くらいとみられた。2人はシング牧師夫妻によって教会隣接の孤児院で育てられた。アマラと名づけられた幼い子は発見後、1年足らずで死んだが、カマラと呼ばれた年長の少女は、その後9年間生きた[4]。

　カマラは発見された時、立って歩けず狼のように四つん這いであった。もちろん、言葉は話すことができず、食べものに口を近づけて手を使わずに食べていた。昼間は部屋の片隅で壁に向かってしゃがみ込み長時間ぼんやりしているが、夜になると落ちつきを失い、決まった時間に狼のような遠ぼえをしたという。しかし、シング夫人のマッサージを中心とした献身的な訓練によって、カマラは死ぬまでにおよそ50語を用いるようになり、直立して歩くことができるようにもなる。そして、日常生活面において、次第に人間らしい行動様式を身につけるようになり、コミュニケーション面でも、やろうとしたことがうまくできないと泣いたり、ほめられると喜ぶなど少しずつ人間らしい感情も獲得していった。

　これら野生児の記録は、人間の子どもとして生まれながら、なんらかの理由によって、人間社会やその文化から隔絶されて育ったため、人間としての基本的な特性を著しく喪失している事例である。そして、これらの事例は同時に、人間は発育の適切な時期に、人間社会という環境においてその文化的刺激を受けなければ、たとえ人間の遺伝子をもって生まれてきたとしても人間として十全に成熟することができないことを示している。

　もともと人間は誕生以来、家庭という最も小さな社会環境に始まり、学校・地域社会・職場などの人間社会から制度・行動様式・価値観などを取り込みつつ成長し、自己の人格そのものを育んでいく。このように、人間形成の基盤はまず人間社会にあるという観点から、子どもたちを取り巻く社会環境の重要性を十分認識したうえで、子どもの育ちを考えなければならない。

2　子どもの育ちにおける個人と社会

　社会とは、広義には人間にとって所与のものである自然に対する語である。つまり、宇宙・地球・天然資源・動物・植物などの自然に対して、経済・政治・法・宗教・道徳・家庭・学校・国家など人間の意志的な行為によって形成されたものが広義の社会である。しかし富永健一によれば、「仲間」を原意とする社会という言葉の本来の意味はもっと狭義で、家庭・地域社会・学校・国家など人々が共同の空間に集まっている状態をさしている。すなわち、「より正確に定義すれば、複数の人々の間に持続的な相互行為の集積があることによって社会関係のシステムが形成されており、彼らによって内と外とを区別する共属感情が共有されている状態」[5]が狭義の社会であり、本来的な社会なのである。

　これらの社会における生活を通して、言い換えれば、家庭・地域社会・学校などにおける共同生活を通して、人間は意図的あるいは無意図的な教育を受けつつ、個人格の充実と発展を行っていくのである。しかし、教育のめざすところは個人格の充実・完成に終わるものではない。子どもたちはこれら共同社会の成員として、その維持・発展の担い手として育つことが期待されている。そして、子どもたちが社会全体の繁栄に貢献できる人間として成熟することを社会は要請している。このように子どもたちには、一面において、誰もがすぐれた個人格の完成をめざすとともに、他面において、社会に奉仕し、その発展に寄与することのできる社会的人格の獲得が強く要請されているのである。

　ここからは、子どもの育ちにおける個人と社会の関係について考えていくこととする。すなわち、人間形成の目的はすぐれた人格を有する人間を育成することなのか、あるいは、社会の担い手としての人間を育成することなのかという対立の問題である。

　子どもは皆、それぞれ異なった固有の性格・性質をもっている。人を他者と異ならせる、この特性が個性である。つまり、個人にそなわり他の人とは違う

その個人にしかない性格・性質が個性なのである。同じ木であっても、松と杉とは違う。松の木は、見事に枝を広げ、根を張る。杉の木は、まっすぐに高く伸びていく。そのそなわっている本性にしたがって、より大きく、高く成長する。松は松なりに、杉は杉なりに、それぞれの成長のきわみに向かう。このように、子どもの特性に応じた成長を援助する教育的な働きかけこそが、自然の理に適ったものである。このことから、子どもにそなわった特性を引き出し発揮させる個性化（individualization）という教育的概念が導き出される。

これに対して、社会化とは、個人がその所属する社会や集団の成員になるために、すでに確立されている制度・行動様式・価値観などを内面化する過程をさす。すなわち、新しい成員が所属社会に適応するために、その集団成員性を獲得していく過程こそが社会化なのである。

このような社会学などにおける社会化（socialization）の定義をあげるまでもなく、人間は社会から隔絶されて、人間として成熟することができないことはすでに述べてきた。ドイツの教育学者ナトルプ（Natorp, P. G. 1854-1924）も、「人間はただ人間的社会を通じてのみ人間となる[6]」と述べているように、その所属する社会の文化的刺激を受けて、言い換えれば、所属社会においてすでに確立されている行動様式そして価値観などを習得しつつ、人間は成熟するのである。すなわち繰り返し述べてきたように、人間は社会環境の教育機能によって自己の人格を育む存在なのである。

このように、個人の人格的充実が集団成員性の習得過程においてなされるという側面とともに、一方では、個人が社会を変革するという一面も考えられる。どのような社会的機能も個人の意識のなかで体験されなければ、その機能を十分に果たすことができない。個人の心を通してのみ、社会は個人に働きかけることができるのである。

確かに、社会は心をもたないのである。このことを、ドイツの教育哲学者シュプランガー（Spranger, E. 1882-1963）は「社会は評価することも、判断することも、愛することも、憎むこともできない[7]」と表現している。社会から個人への働きかけは、それが個人の意識のなかで体験されることによって初めて

可能になるのである。この意味で、個人は社会の担い手として社会自体を変革できる存在でもあるといえよう。

　個人は、既存社会の文化を習得しつつ自己を育む存在である。また、一方において、社会の担い手として社会そのものを変化させうる存在でもある。まさに人間は、パラドキシカル（二律背反的）な存在である。このことから、人間形成における今日的な究極の課題は、個人格の充実と社会的人格の育成とを止揚する教育のあり方といえよう。この「止揚する（aufheben）」教育、つまり、相対立する概念や考え方をより高い次元で合致させる人間形成作用が、さらに換言すれば、矛盾すると考えられがちである個人格の充実と社会的人格の育成とを高みにおいて統合できる子育てが求められている。

3　社会環境の教育力

　人間形成の営みは、無意図的教育と意図的教育の2つに大別することができる。前者は家庭や地域社会における生活を通しての教育であり、後者を代表するものは組織化され制度化された学校の教育である。

家庭の教育機能
　一般に、家族とは人間社会の基本的単位であり、夫婦や親子・きょうだいなどの親族関係の集団と定義される。つまり、家族とは生活をともにする血縁集団をさし、人間が生まれて最初に所属する社会集団である。そして、家庭とは家族によって営まれる日常生活の場を意味するのが普通である。家庭は人間にとって最初に出会う社会なのである。まったく無防備で、無力な状態で生まれた人間の子どもは、親をはじめとする家族の愛情に守られながら家庭という場において人間形成を始めることになる。

　家庭教育には、学校教育とは異なった固有の特質がある。多くの場合、家庭教育は計画的に編成されたカリキュラムによって進められるものではなく、非組織的に営まれる。一般に教育は、その機能形態から、組織的教育と非組織的

教育とに分けることができる。その場合、教育機関である学校における教育が組織的教育を主とするのに対して、家族の日常生活を通して営まれる家庭教育は、主に非組織的教育として行われるといえる。つまり、家庭の育成機能は、学校の教育機能に対して、多くの場合、非組織的・非計画的・無意図的に作用している。

　もちろん、家庭においても、計画的・意図的な教育は行われる。親が子どもに、直立歩行や言語を習得させるために積極的に働きかけたりすることや、基本的な生活習慣や行動様式の獲得のためにしつけを行うことなどが、それにあたる。しかし、子どもは、家庭における日常生活のなかで、父母や家族が無意図的に表す人生観や価値観、そして生き方などにおおいに感化されるのである。家庭における子育ては、この側面をぬきにしては考えられない。意図的であろうとなかろうと、いずれにしても家庭教育は、定められた教育計画によって進められるものではなく、子どもの家庭における日常生活のなかで家族との自然な人間関係を通して営まれるのである。

　ここに、家庭教育の2つ目の特質が現れている。家庭における育成機能は、家庭における家族や子どもの生活の営みを通して作用するものである。子どもは、家庭生活のなかで父母をはじめとした家族との直接的交流によって、つまり、現実の生活を通して経験的に社会生活に必要な行動様式や考え方などを身につけていく。こうしてみると、母親が子どもの生物的母胎であるのに対して、家庭は、まさしく、社会的存在としての人間の基礎を培う社会的母胎なのである。

　アメリカの文化人類学者マードック（Murdock, G. P. 1897-1985）は、世界の250の家族形態を比較研究して、家族の形態を核家族（nuclear family）、拡大家族（extended family）、複婚家族（polygamy family）の3つに分類した。このうち、最も基本的な形態が核家族で、夫婦と未婚の子女からなる家族をいう。彼は、拡大家族や複婚家族も基本的には核家族を単位とした組み合わせであることを示した。そして、彼はこの核家族の機能として、性・経済・生殖・教育の4機能をあげている。結婚によって生じる性の相互占有は、経済的共同をもたらし、

子どもの出産につながり、そのことによって子どもの教育が行われるという捉え方である。

また、アメリカの機能主義社会学者パーソンズ（Parsons, T. 1902-1979）は、核家族の主要な機能として、次の2つを取り出している。その第1は、子どもが真に自分の生まれついた社会のメンバーとなれるように行われる基礎的な社会化である。第2は、成人のパーソナリティの安定化である。この大人のパーソナリティの安定化機能は、夫婦の関係がその主な場面となる。さらに、子の親であることが、親のパーソナリティの安定に好ましい影響を与える点を、パーソンズは指摘している。これは、親自身のなかに残っている子ども的な要素を、行為として外に表すことで、親のパーソナリティは安定化する、という捉え方に基づいている。彼によれば、この最善の方法は家庭生活において子どもとの相互作用を行うことである。つまり、大人のパーソナリティは、夫婦の間、そして親子の間で最も安定するのである。このように、大人のパーソナリティの安定化とは、家族との人間関係が大人成員の疲弊した心を癒し、なごます機能のことである。これは、大人成員に限らず、子どもにとっても大切な家族の機能であるといえよう。人間には、いつも、安らぎを与えてくれる家族が必要なのである。

これに対して社会化とは、すでに述べたように、新しい成員が既存の社会において確立あるいは制度化されている知識や技術や価値や行動規範などを獲得して、適応する過程である。子どもは、まず、生きる力の基礎となる基本的な生活習慣を獲得しなければならない。子どもは、離乳・睡眠・排泄の自己統御・着脱衣などの基本的な生活習慣を確立して、依存から自立への移行を始めなければならない。この基本的な生活習慣の獲得は基礎的な社会化である。そして、身のまわりの物の整理整頓や家事の手伝いなどの行動レベルの自立が進められることによって、子どもは生活に必要な基礎的な知識や技術を習得するようになる。さらに、家庭生活におけるルールや、家族との人間関係を学ぶようになる。

生活に必要な基本的な能力、生きる力は、書物や学校の知識教育によって得

られるものではない。子どもは、家庭の仕事を分担し、責任をもってやり遂げることによって、日常生活における実際的な知識や技術を、そして生きる力を身につけることができるのである。このような基礎的な社会化の過程を経て、子どもは、社会生活における行動規範や価値基準を内面化し、社会生活に必要な行動様式を身につけていくのである。

地域社会の教育機能

　地域社会とは、行政組織の末端を意味しているのではない。地域社会とは、社会学的概念である「community」の訳語であり、一定の地理的空間内で共同生活を営み、共通の社会的特徴をもった人々の集合体をさしている。一般的に、近隣を含めた市町村などは共同生活の地域的単位であるといえる。今日の地域社会は、経済発達や開発などによる都市化・工業化が進展し、人口・産業構造・生活様式などが急激に変容を遂げている。それにともなって地域社会の性格や特色もきわめて多様になってきている。また、地域社会に類似した概念として郷土という用語もある。

　地域社会の教育機能とは、一定の地域において共同生活を営んでいる人々の集合体のなかに存在する教育作用の総体をいう。つまり、地域社会の自然・文化・人間関係などから受ける人間形成作用をさすことが多いが、もちろん、地域社会の教育機能には公民館や図書館などを活用したフォーマルな教育活動も含まれる。

　家庭で最初の人間関係を学んだ子どもは、家庭を心の安定のよりどころとしながら、成長とともに生活空間を拡大して地域社会に出ていく。子どもはそこで近隣の子どもたちと遊び集団を形成する。そして、仲間との遊びを通して自己主張や自己抑制を学び、次第に社会性を身につけていく。フレーベルは、集団遊びを通して子どもが社会的倫理・道徳性を形成することを見抜いた。彼は公正・節度・誠実・友愛などの徳性を花にたとえ、遊びに熱中している子どもたちの集団に近づくものの誰に対しても、「これらすべての美しい心情の花や、確固たる意志の花の香りが」[8] 漂ってくると述べている。フレーベルが指摘した

ように、集団遊びのなかで、社会に生きる人間にとって不可欠である道徳性が育ってくることを考えると、今一度、地域社会での子どもの遊びを問い直す必要がある。

讃岐幸治によれば、最近の子どもたちには3つの「たいりょく」が不足しているという[9]。それらは、身体的な「体力」、忍耐力の「耐力」そして連帯力の「帯力」である。転ぶとすぐ骨折したり、学校の朝礼で長い時間立っていられない子どもが増えている。衝動を抑えて我慢できずに、すぐ「キレる」子どもが増えている。他者とうまく人間関係を構築できない、すなわち、他の子どもとうまく関われない子どもが増えている。

この大きな要因としては、地域社会の教育機能の低下があると考えられる。かつては、地域社会は生き生きとした人間形成機能を保持していた。別の言い方をすれば、地域社会は子どもの価値観や生活習慣の形成母胎であった。昔の子どもたちは、地域社会固有の伝統的行事への参加や仲間との遊び、そして地域行事などを通して、さまざまな世代の人々と触れ合い、地域社会の価値観や行動様式を受け継いできた。時には、子どもたちはけんかをしながら、我慢することの大切さを身につけてきた。また、地域の人々との関わりのなかから、挨拶の仕方や生き方そのものを学んでいた。かつての地域社会は子どもを守り育ててきたのである。

ところが、産業構造の変化にともなう人口の地方から大都市への大量移動が、地域社会の変容をもたらした。いわゆる都市化の現象である。都市化の進行とともに、地域社会は古くからあった生活共同体としての意識が低下し、地域住民の人間的な触れ合いがますます少なくなっていった。地域ぐるみで、子どもたちを地域社会の発展を担う成員として育成することができにくくなっていった。

このような地域社会の教育機能低下を克服することは容易ではない。地域社会の教育機能を再生していくためには、地方の伝統的な祭りや新たな村おこし運動あるいは都市団地のふるさとづくりの試みなどを活用することが必要である。これらの伝統的な祭りや創設された「むらおこし・まちづくり」のイベン

トは、地域住民の共通感情を醸成する格好の行事となる。そして、それらの活動への参加を通して、地域の人々の間に文化的な連帯感が形成され、地域社会で子どもの育ちを支えようという機運が産み出されることが期待されている。伝統的な地域行事の活用や新しいコミュニティづくりの試みなど、まさに、現代は意識的に地域社会の教育機能の回復に努めなければならない時代なのである。

学校の教育機能

　学校教育は、すでに述べたように個人格の充実と社会的人格の育成をめざして、組織的・意図的な教育機能を担う社会制度である。学校は、家庭や地域社会とは比較にならないほどの大きな教育力をもっている。現代の学校は、明確に設定された教育目的を有し、それに基づいて編成されたカリキュラムに沿って、専門職としての教師によって教育活動が展開されている。近代以降の国民全体に開放された学校は、教育のための専門的機関であると同時に、公の性質をもっている。

　今日わが国では、家庭教育をその代表とする私教育に対して、公費により維持または助成され、公的規制を受け、公的な性質をもつ教育組織のことを公教育と呼ぶのが一般的である。しかしながら、公教育という言葉は法制上の概念ではないので、その範囲や概念については、ともすればこれまで見解の一致がなされてこなかった。

　たとえば、わが国の公教育の範囲については、国または地方公共団体の設置した学校で行われる教育のみを公教育とする狭義の解釈もあれば、それらに私立学校を加える解釈もある。さらに、各種学校や専修学校などで行われる教育、そして社会教育までも含めた広義の解釈もある。すなわち、わが国における公教育の範囲に関する捉え方は、「①国公立学校の教育　②国公私立学校の教育　③国公私立学校・専修学校・各種学校・各省庁設置の大学校や専門研修所の教育および社会教育」という3種の解釈に大別できる。

　そこでここからは、教育基本法と学校教育法の規定を中心として、現代日本

の公教育の範囲についての見解を整理してみることにする。教育基本法の第6条1項には、「法律に定める学校は、公の性質をもつものであって、国又は地方公共団体の外、法律に定める法人のみが、これを設置することができる」と規定されている。また、学校教育法の第1条には、「この法律で、学校とは、小学校、中学校、高等学校、中等教育学校、大学、高等専門学校、盲学校、聾学校、養護学校及び幼稚園とする」と10種類の学校が定められている。そして、その第2条には、学校の設置者として国・地方公共団体・学校法人を掲げ、それぞれの設置する学校を国立学校・公立学校・私立学校と謳っている。

　これらの条文から、国民全体に開放され、公費によって一部または全額負担され、法律の定めに基づいて運営される公教育とは、国公私立の10種類の学校において行われる教育であるとするのが一般的で説得力のある解釈であろう。しかし、専修学校や各種学校およびその他の教育訓練施設なども、公費によって一部または全額負担され公的規制の対象となる教育組織であり、これらを公教育の範囲に含めても、決して誤りとはいえない。

　デューイは『民主主義と教育』のなかで、学校の本質を「単純化された環境[10]」であり、均衡のとれた環境として理想化された社会環境であるべきだと説いた。デューイのこのような理想的環境としての学校は、新しい社会成員としての子どもの社会化を進めつつも、既存の文化への批判と新しい文化の創造を促進する役割を果たすものであった。この点において、デューイは学校教育のもっている社会改革機能を見抜いている。

　学校は、本来、社会に蓄積されてきた文化財を新しい社会成員に伝達することで、社会の維持存続を図ることを基本的な機能としている。しかし学校は、このような現状維持的な機能だけを担っているのではない。学校は、これまで実際に社会の進歩発展におおいに貢献してきたし、今後もより一層このような役割を期待されている。学校は子どもの教育を通して、未来の社会秩序の構築にも参画するのである。つまり、デューイが見抜いたように、学校は社会改革意識の形成母胎なのである。

4　現代社会と子ども

少子高齢社会

　少子化とは、文字どおり、出生率の低下によって子どもの数が減少することをいう。そして、少子社会とは、18歳未満の子どもの数が65歳以上の高齢者の数よりも少なくなった社会のことをさす。1997年にわが国は、すでに少子社会に入っている。わが国における、女性が一生の間に産む子どもの数を示す合計特殊出生率は、2002年には1.32となり、2003年と2004年はともに1.29であった。そして、2005年の合計特殊出生率は1.25に低下した。1989年に合計特殊出生率が急落した「1.57ショック」をきっかけに、日本政府は少子化対策に取り組んできた。

　また、国際連合の統計基準によれば、総人口に占める65歳以上の高齢者の人口が7％以上の社会を「高齢化社会」、14％を超える社会を「高齢社会」、そして、21％以上の社会を「超高齢社会」と呼んでいる。それならば、1995年以降の日本社会は高齢社会ということになる。

　以上のことから、1990年代末から日本社会は「少子高齢社会」に突入している。このような社会において子どもの人間形成の問題を考えるにあたっては、仕事と子育ての両立や世代間の交流を積極的に活用して子育ての負担感を緩和・除去し、安心して子育てができるようなさまざまな環境を整え、家庭や子育てに夢や希望をもつことができる社会を築くという観点が重要である。このような観点から、厚生労働省は、少子化対策を総合的に推進し、1999年末には「重点的に推進すべき少子化対策の具体的実施計画について（新エンゼルプラン）」を関係省庁とともに策定し、保育サービスの充実や母子保健医療体制の整備について2004年度までの目標を設定し、計画的に推進してきた。

　また、2003年には、次世代育成支援対策法を制定し、次世代支援対策に関する基本理念を定めた。国、地方公共団体、事業主および国民の責務を明らかにし、次の社会を担う子どもが健やかに生まれ、かつ、育成される社会の形成

をするための行動計画の策定を義務づけている。

　そして、教育・保育と子育て支援の役割を一体的に提供する「認定こども園」の制度が2006年10月から実施された。これは、従来の幼稚園・保育所に対する第3の新しい施設ではない。認定こども園制度は、「就学前の子どもに対する教育及び保育を一体的に提供する機能」と、「地域における子育て支援を行う機能」を備えるものをこども園と認定し、地域において、子どもが健やかに育成される環境の整備を図るものである。

　認定こども園の形態は、次の4つのタイプに分かれる。[11]
① 幼保連携型（幼稚園と保育所が連携する）
② 幼稚園型（幼稚園が保育所機能を加える）
③ 保育所型（保育所が主体で幼稚園的機能も備える）
④ 地方裁量型（幼稚園や保育所ではないが定められた基準で都道府県が認める）

　この認定こども園を所掌するのは文部科学省と厚生労働省である。そして、具体的な認定基準は、国が示す指針をもとに都道府県が条例で定める。

生涯学習社会

　現代社会は、これまで人類が経験したことがないほど急激に変貌しつつあり、科学技術も急速に進展し続けている。このような時代の急激な変化に対応するためには、人生の初期に学校を中心とした教育を終えてしまうというような、これまでの考え方では不十分である。すなわち、変化の激しい社会では、従前の学校中心の教育体系が十分に機能しなくなっている。

　1965年、ユネスコの成人教育推進国際委員会において、フランスのラングラン（Lengrand, P. 1910 -）は生涯教育（life-long education）という考え方を提案した会議資料を提出した。これは、激しい社会変化に対応するために、誕生から死にいたるまでの一生涯にわたる知識教育を構想するものである。そのためには、人間の生涯の各時期の要求に応じた学校のような知識教育が受けられるように、特に成人教育の分野を拡充し、再編成しなければならないという提案である。

ここで留意すべきことがある。それは、ラングランの提唱した生涯教育が、決して「一生修行」というような生涯にわたる「人格」形成を意味しているのではないという点である。社会変化の緩やかな時代では、子どもの頃に習ったことは一生通用したが、変化の激しい社会では学校で獲得したものは陳腐化し、成人や高齢者も新しい知識や技術を学ぶ必要がある。つまり、生涯教育は、生涯を通して知識や技術を学ぶことができる機会が得られるような教育体系に変えるという教育改革を基本理念としていた。

このように、生涯を通じて教育の機会を保障しようとする生涯教育の概念は、その後、多くの国々に受け入れられていった。わが国には、その国際委員会に出席していた波多野完治によって、初めて紹介された。1970年代になると、「ゆりかごから墓場まで」を合言葉にして、生涯教育の必要性を叫ぶ声が高まり広まっていった。

しかし、1980年代半ばからは、生涯教育に替えて「生涯学習」という言葉が用いられるようになった。つまり、1984年の臨時教育審議会の最終答申に、「生涯学習体系への移行」が提言されてからは、この生涯学習という用語が広く使われるようになった。教える側からは「教育」であるが、生涯にわたる学習は学ぶ人の自主的で自発的な活動が基本となるから、学習者の側からみた「学習」に改められたのである。

その背景として、ユネスコの学習権宣言や教育観の転換（教授活動中心主義からの脱却としての主体的学習論の尊重）などをあげることができる。だが実際的には、教育という言葉から連想される受身的なイメージを払拭して、「生涯学習」という語を用いることによって、学ぶ人の自発性や主体性の大切さを強調するねらいによるものであった。

このような生涯教育・学習に類似したものに、OECD（経済協力開発機構）から1970年前後に提唱されたリカレント教育（recurrent education）がある。これは、文字どおり、社会人が職場から離れ、再び（re）大学院などの学校教育に戻るという流れ（current）が循環する教育システムである。つまり、リカレント教育とは、就労と再教育、すなわち、仕事とリフレッシュ教育の繰り返しで

ある回帰教育システムのことである。成人教育や社会教育の一環として行われ、職業に就き社会生活を体験した人が義務教育以降の学校教育をフルタイムで受けることができるための学校教育改革の試みのひとつである。

このように、生涯学習とリカレント教育の間には若干の内容的異なりがあるが、学ぶ人が主人公となる社会を志向している点では同じである。誰もが、生きがいをもって、激しい社会変化に対応して、自己実現を果たすことができる真の生涯学習社会の到来が望まれている。そのためには、いつでも・どこでも・なんでも学ぶことのできる学習システムの構築と、学び続けようとする人間の意欲が不可欠である。

1）劉向、中島みどり訳注『列女伝1』平凡社　2001年　158-159頁。
2）カント、清水清訳『人間学・教育学』玉川大学出版部　1959年　335頁。
3）イタール、古武彌生訳『アヴェロンの野生児』福村出版　1978年。
4）ゲゼル、生日雅子訳『狼に育てられた子』　家庭教育社　1971年。
5）奥田真丈『現代学校教育大事典3』ぎょうせい　1993年　477頁。また詳細は、富永健一『社会学原理』岩波書店　1986年を参照。
6）ナトルプ、篠原陽二訳『社会的教育学』玉川大学出版部　1973年　114頁。
7）Spranger, E., *Lebensformen. Geisteswissenschaftliche Psychologie und Ethik der Persönlichkeit*, Max Niemeyer, 1966, S.300.（伊勢田耀子訳『文化と性格の諸類型2』明治図書　1972年　75頁）
8）フレーベル、荒井武訳『人間の教育（上）』1964年　148頁。
9）讃岐幸治「地域の教育力　その典型的結実」伊藤俊夫編『豊かな体験が青少年を育てる』　全日本社会教育連合会　2003年　124頁。
10）デューイ、松野安男訳　『民主主義と教育（上）』岩波書店　1989年　41頁。
11）読売新聞2006年7月6日。

第5章
保育環境と子ども

　子どもはその内に無限の可能性を秘め、好奇心が旺盛で、自然に成長していく能力とともに、身近な環境から刺激を受けて主体的に働きかけ、自分のなかに取り込み、生きる力にする術をもっている。そして、そこで、発見した興味あることに集中して活動し、さまざまな学びをしていく。

　保育環境を大きく捉えると、乳幼児が育つ人間社会の全体を意味するといえるであろう。その環境は日常生活の中にあり、子どもが関わることによってさまざまな遊び（活動）を生み出すきっかけとなったり、時間を忘れて活動に熱中できる仲間との出会いの場であったり、保育者の子どもの活動に与える影響などを含めて、子どもたちの生活を豊かにさせる場といえる。

　乳幼児期は心身の発達が著しく、日常的な身の回りの環境からの影響を強く受ける時期である。それだけに、どのような環境のもとで生活し、その環境とどのような関わり方をしてきたかということが、人間らしく生き生きとした生き方をしていくうえで重要な意味をもつ。環境は、ただそこにあればよいというのではない。子ども自らが環境と出会い、意欲的に活動した時、保育者が子どもの興味や関心の方向性を読み取って適切な援助をする時、保育環境として生きてくるといえるであろう。

1　保育の場の意味

　かつて子どもの生活の中心は、家庭や地域社会であった。当然のことながら現在も家庭や地域の生活環境が、子どもの生活の中心であり、子どもたちの成長に大きな影響を与える。そして次に重要なのは、幼稚園や保育所であろう。

これらの保育の場は、この3者で連携がとられ、子どもへの保育が全体として豊かなものになって初めて乳幼児の健やかな成長が保障されるといえる。

子どもが育つ基盤としての家庭

　家庭は、幼児教育の根源となるところであり、子どもが成長・発達し、自立していくうえで最も重要な温かい雰囲気に満ちあふれた環境をもつ場といえる。また家庭は、人間が生活していくうえで不可欠な基本的な要素である衣・食・住が満たされ、健康を保ち、精神的に安定した生活が維持され、人格形成の基礎となる場である。家族は父、母、子で構成される姻縁と血族に基づく親族関係という特有の強い絆で結ばれ、代替えのない関係のうえに成り立っている。ランゲフェルド（Langeveld, M.J.1905-1989）は、「子どもを生んだ両親こそ、いかなる事情があるにせよ、まずもって子どもの生に責任があると考えなければならない[1]」と述べている。家庭は、親子間の愛と信頼の相互関係のなかで子どもが育つ場として、第一義的責任があることは誰しも疑わないところであろう。

　今日の家族をみると、戦後のイエ制度の崩壊や高度経済成長以降の産業基盤の急激な変化にともない、家族成員の縮小は核家族化を一般化させ、家族の小規模化、母子家庭、父子家庭、ステップファミリーなど、家族形態の多様化が進んでいる。こうした家族のありようは、家庭における子育てのあり方にもさまざまな影響を与えている。また、1920年の合計特殊出生率5.24で、1950年生まれ以前の子どものいる世帯の子ども数が平均6～7人の頃からみると、1家族あたり1～2人の子ども数は、きょうだい関係の縮小という点でかなり特殊な状態といえよう。家族構成員の縮小は家庭内の対人関係の貧困さとなり、子どもの社会化を遅らせ、子どもに親が過度の期待をかけすぎる現象となって現れている。核家族が本質的にもつ不安定さが、育児や教育観をゆがめる傾向となってきているのである。

　家庭は、高度経済成長を境として大きく変貌した。父母の居住地から遠く離れた都会に住む若い核家族の多くは、大家族の時代とは異なり子育てに必要な育児文化の伝承機会や、多様な大人との接触の機会が縮小してしまった。その

うえに、幼い子どもの世話をしたり遊んだりする経験のないままわが子の誕生に出会った両親は、「どう接するとよいのかわからない」状態にあるのが現状といえよう。2005年の合計特殊出生率1.26という数値はさらなる少子化現象を示し、子どもが育つ生活環境はさまざまな問題を有しているといえる。

高度経済成長は女性の社会進出を促し、夫婦共働き家族の増加となり、誰が子育てを担うのかをめぐって困難をかかえてきている。男女共同参画時代といわれる今日であっても、核家族においては、育児の負担はほとんど母親1人に覆い被さっているといえよう。母親へのこうした加重負担は、結果として育児の手抜きや合理化を促したり、子どもよりも大人の便宜を優先した育児になり、テレビに子守りをさせるなどが問題になったりする。家庭生活は、子どもを中心に営まれると考えられてきたが、社会の変容をもろに受け、子どもの生活の基盤である家庭は変貌し、教育力の衰弱が問題化してきている。

幼稚園教育要領や保育所保育指針では、「家庭との連携」「家庭養育の補完」「子育て支援」などと謳っている。子どもの幸せの源泉は家庭にあることを考えると、幼稚園や保育所で行われる保育は子ども中心であることは当然であるが、家庭の平安を支えていくこともまた重要な課題となってきた。

保育の場としての地域社会

子どもたちの日常生活を支える場として地域社会のもつ意味は大きい。かつては日が暮れるまで、空き地や路地や野原で鬼ごっこ、かくれんぼ、缶けり、ゴムとびなど、男の子も女の子も幼児から中学生くらいまでが、遊び仲間を募って遊んでいた。異年齢の子どもが一緒になって集団遊びを繰り広げた路地や野原や裏山、神社の境内などの遊び場では、草花遊びや虫採り、基地ごっこ、土手すべり、川遊びや魚釣りなど、また、フキの薹やツクシ、イタドリ、グミ、ユスラウメ、クワノミ、クリ、ギンナン、ザクロなどの果実採りなどをしていた。暑い夏にはセミ採りや川遊びが、寒い冬には雪や氷で遊んだり、おしくらまんじゅうをしたりなど、その季節にふさわしい楽しい遊びがあった。

しかし、都市化や情報化の進展による自然の喪失や少子化は、友だちとの人

間関係を著しく希薄化させ、遊び場は縮小し、自然を友とした直接体験に満ちた子どもたちの生活空間を変容させてしまった。

　自然の喪失と関連して、小さな児童公園はかつての自然の起伏や緑がいっぱいある野原とは異なり、ブランコやすべり台が設置されてあまりにも人工的に整地され、特に安全性を重視し過ぎた結果、子どもらしさに満ちた活発な冒険心を誘う場ではなくなった。しかも、自宅の近くにないことや、一緒に群れて遊ぶ仲間がいないことや、安全上の問題もあり、親がついていなければならない状況が生じている。

　幼い子どもは、年長児たちと群れて遊ぶなかでコミュニケートし、彼らが自然の素材をたくみに加工し、遊び道具を作っていく様子を憧れの目で見つめ、それを発達モデルとしてきた。現在では、異年齢児が群れて遊ぶ姿がみられなくなり、おもちゃは商品化され消費行動となってしまった。そのうえに、エアコンで調節された快適な室内で遊ぶテレビゲームやインターネットなどの遊びが多くなり、体験の偏りを余儀なくしている。

　柳田国男の『子ども風土記』には、「小学校などの年齢別制度と比べて、年上のこどもが世話をやく場合が多かった。彼らはこれによって自分たちの成長を意識しえたゆえ、喜んでその任務に服したのみならず、一方小さい方でも早くその仲間に加わろうとして意気込んでいた」[2]と記している。かつては、子どもたちが何人か集まり、群れて遊びを楽しみ、年上の子どもは幼い子どもの世話をし、幼い子どもは年長者を見習うので、遊びの伝承は自然に行われ、子どもたちの自治意識も育ち、遊びが長く続いていったといえる。

　少子化により、近隣に遊び仲間がいないため必要な異年齢児間の接触やガキ大将との付き合いがなくなり、子ども同士の世界で育ち合うと考えられてきた社会力が育たない、幼いものや弱いものに対する人間的な優しさや情愛が育たないなど、子どもの「育ち」が指摘され問題化してきている。

　地域社会は、さまざまな人々との交流や身近な自然との触れ合いを通して豊かな体験が得られる場である。しかし社会の傾向としては、人間関係や地域の地縁的つながりの希薄化、過度に経済性や効率性を重視する傾向などもあり、

地域の大人が子どもの育ちに関心を払わず、積極的に関わろうとしない、また、関わりたくても関わり方を知らないという大人の増加傾向がみられる。

子どもを取り巻く地域の保育環境は、教育機能を著しく縮小させ、遊びの3間（空間や仲間や時間）がない、遊び方を知らない、遊びの伝承がないなど、遊びが成立しにくい状況を生み出してきた。地域社会のなかに、自然の喪失とともに異年齢児間での遊びがみられなくなってきている状況を考える時、子どもの育つ場として園生活のあり方やクラス編制などについて熟慮すべきことが多々あるといえるだろう。

保育施設

次に保育の場として考えなければならないのは、幼児を専門に保育する場としての幼稚園や保育所である。幼稚園や保育所は、子どもの家庭での成長を受け、集団生活を通して家庭では体験できない社会・文化・自然などの豊かさに触れ、保育者に支えられながら遊びを重要な学習として位置づけられている保育の場である。現在では、子どものいるほとんどすべての家庭が保育の場として幼稚園や保育所を利用し、1日の主要な時間を公教育の場で過ごすようになっている。

幼稚園教育要領やその解説、保育所保育指針には、「幼児の生活体験がそれぞれ異なることなどを考慮して、幼児一人一人の特性に応じ、発達の課題に即した指導」「生活のリズムに沿って展開」「子どもの生活リズムを大切にし、自己活動を重視しながら、生活の流れを安定し、かつ、調和のとれたものにする」と記している。幼稚園や保育所は子どもにふさわしい生活の展開が何よりも重要だといえる。

子どもを観察していると、園内にあるさまざまなものを見て、触れ、興味や関心をもち、自然や社会の事象と関わって遊んでいる姿がよくみられる。そこには、子ども自身が身近にある環境に強い関心をもち、働きかけ、そこで得た情報を自分の世界に取り入れていく力をもっていることが読み取れる。このことは、子どもにふさわしい生活が展開できる保育の環境は、子ども自身が主体

的に自由に身近な環境に関わり、さまざまなものに心を動かされ、それを用いて遊ぶことによって興味や関心が広がり深まっていく場であるといえる。

　幼稚園や保育所は子どもの家庭での生活を基盤にしながら、教育的配慮のもとに子どもが友だちと関わって活動するのに必要な保育教材が整備されており、子どもたちの活動体験の習得の場である。倉橋惣三は、「子供自身が自分の生活を充実する工夫を自ら持っていることを信用して」と述べている。幼稚園や保育所は、子どもに生活の自由性があり、子ども自らの力で考え創意工夫をして活動が展開できるという、子どもが本質的に有している能動性や積極性といった能力が生かされる場であることが求められる。

2　保育環境の設定

　幼稚園や保育所の保育環境は、子どもたちが毎日「おはよう」と元気に登園し、生活し、遊び、成長していく園の生活環境の全体をさすといえよう。子どもは、保育者や職員、園を訪れるさまざまな人々から刺激を受け、また、子ども自身も刺激を与え、園を取り巻くすべての環境との応答的な関わりのなかで生活しているのである。

　子どもが1日の主要な時間を過ごす園において、主体的に子どもの遊びを誘い出す環境をどのように整えるかは、保育の重要な基本のひとつであり、躍動感あふれる子どもらしい生活が展開される環境でなければならない。特に乳幼児期は心身の発達が著しく、環境からの影響を強く受ける時期といえる。フレーベルは、乳児の保育がきわめて重要であるとして「のみこむ」という特徴的な活動から、幼少の頃吸収したものは生涯を通じて影響するとし、澄んだ空気や明るい光や清潔な部屋、そして、父母やきょうだい、その他の大人たちなど、子どもを取り巻く生活環境の重要性を述べている。

　子どもは、大人に見守られ、認められていると確信できる環境におかれると情緒が安定し、積極的に行動するようになる。一人一人の子どもを理解しながら、安心感や存在感のもてる環境を創り出していくことが何よりも大切だとい

えよう。

生活環境としての園

　幼稚園や保育所は子どもが集団で生活する場であるから、第1に生命の安全の保障とともに衛生的、健康的な生活が営まれる場でなければならない。次に生活環境としての幼稚園や保育所は、緑に囲まれた自然の多い園庭があり、子どもの興味や関心、知的好奇心を充足させる遊びが用意され、登園してから帰るまでの時間、その子らしく、本気に、自由に、楽しく遊べる生活の場でありたい。津守真は、園は子どもが好きな遊びに没頭し、「真剣に生き、人間になってゆく場で……子どもが自分自身となって遊ぶ遊び[5]」が子ども自身の成長にとってどんなに大切なものであるかを述べている。子どもは、ゆったりとした時間の流れのなかで、自分の居場所を見つけて遊びに熱中する時、本当の自分となるよう成長していくといえるだろう。

　幼児教育の基本理念である「環境を通して行う教育」を適切に遂行するためには、環境とその構成のあり方が鍵である。園という場の保育環境は、保育室や遊戯室、テラス、廊下、園庭、そこに設置されているさまざまな保育教材、一緒に遊ぶ仲間、そして、子どもを受容し、さまざまな援助をする保育者や子どもと接する人々など、人的・物的要素を含んでいる。そのうえに子どもが身近に接する自然や社会の事象、さらに、人や物がお互いに関わり合ってかもし出す雰囲気、時間、空間などのすべてを意味している。

　適切な環境や環境づくりを考えていくには、現代社会や地域社会、そして家庭の環境から子どもたちが影響を受けていることを無視しては適当な環境にはなりえない。また何よりも、豊かな環境の根源には、単に物量の豊かさだけではなく、子どもの行動や心情に大きな影響を及ぼす保育環境としての保育者の役割が重要であることはいうまでもない。

　倉橋惣三は、「設備の心の中に、先生の教育目的が大いにはいっている……幼児の生活が自己充実を十分発揮し得るように、適宜適切の設備をしておきつつ、しかも幼児めいめいにその設備を使わせて行く幼稚園全体の態度が、……

すなわち、子供に生活の自由がゆるされているもの[6]」と述べている。子どもの主体的な取り組みを促すためには、子どもが興味や関心をもち、心を揺り動かされる出来事に出合い、それを表現したくなる手がかりのある環境を用意し、取捨選択できるように工夫し、さまざまな活動が展開できる幅の広い環境を子どもとともに創り出していくことが重要である。

　保育の場は、子どもの思いや行動などが心ゆくまで十分に理解される場であってほしいと思う。保育者が子どもの心の内面を読み取り、子どもの年齢や生活の時期などを考え環境を整えることにより、情緒は安定し、自然と遊び始めるだろう。何よりも子どもが自分たちの生活の場だと思えるように、子どもとともに保育環境を創造していきたいものである。

保育室

　保育所保育指針には、「保育室は、子どもにとって家庭的な親しみとくつろぎの場となるとともに、生き生きと活動できる場となるように」と記している。保育室は、子どもの居場所として、情緒的安定が保たれる「くつろげる場」であり、家庭の居間に相当する場所でもあろう。園の中で子どもにとって最も身近で親しみやすい環境は、保育室ともいえる。保育室という居間は、静かで温かい雰囲気のある幼児教育の場であり、両親に代わって、情緒的な安心感のある大好きな担任保育者がいる場としての意味が加わる。また、保育室は、子どもが生活し、さまざまな活動を展開する拠点となる場所といえる。

　子どもが安定して保育室で過ごせるには、そこでの生活のありようが大切になる。幼稚園教育要領解説には、「生活習慣にかかわる部分と遊びを中心とする部分」があると記しているが、子どもたちの生活習慣行動である食事、排泄、着脱衣、清潔、片づけなどの身辺処理行動が適切に行われる場であることや午睡・休息が必要に応じて行えるようにすることも重要である。

　幼児期の生活のほとんどは遊びによって占められている。子どもの遊びは遊ぶこと自体が目的で、身の回りにあるさまざまな事物やいろいろな人々と自由に多様な仕方で応答し合い、時の経つのも忘れ仲間とともに夢中になって遊ぶ

ことを楽しむ。こうして、活動することで生活がより豊かにより楽しくなる体験をしていく。保育室はそのような場であってほしい。

　保育を考える時、保育者の願いやねらいや内容は保育環境のなかに込められており、子どもがその環境と関わって活動し、活動を展開するなかでねらいや内容が達成されるようにしていく。保育者は子どもの動きや動線をしっかり頭に入れ、子どもが自ら主体的に関わりたくなるような保育環境を用意することが課題となる。

　魅力ある環境としての保育室には、空間がそこにあるというだけではなく、物理的条件が備えられていなければならない。遊具や用具などの保育教材がいつも安定した位置に置かれていることが大切である。このことは、子どもが自分の居場所がわかることにつながっていく。また、食事や午睡・休息、絵本の読み聞かせや語り聞かせ、音楽活動やアート活動など、活動内容に合わせた多様な生活空間を用意されていることが、子どもにふさわしい生活の場といえるだろう。園全体の生活空間をデザインし、廊下やテラス、階段なども子どもの遊びの流れが生かされ、豊かな生活体験ができる保育環境でありたいものである。

　たとえば、入園当初、どことなく落ち着かないよるべない気持ちの子どもたちが園という新しい環境に慣れ落ち着いて遊べるには、家庭での遊びをイメージした、保育室の雰囲気づくりが必要であろう。保育室は、子どもの目線を考えカーテンやテーブルクロスは明るい落ち着いた色調のものを用意し、メダカやキンギョなどの飼育をしたり季節の花を飾ったりする。台所用品や人形を置いたままごとコーナー、ミニカー、ブロック、積木、絵本などのコーナーには、カーペットなどを敷いておく。そして、子どもが興味をもって遊び出せるよう積木は並べたり、汽車積木は組み立てたりしておく。

　こうして保育室に、教室というよりも家庭的な雰囲気があると、子どもたちは台所用品のコーナーで遊んだり、絵本を見たり人形の世話をしたり、友だちとブロックや積木で遊んだりなど、興味をもったコーナーで遊び出し、次第に友だちと関わる姿も見られるようになる。泣いている子どももメダカやキン

ギョが泳いでいるのを見ると、泣きやんで観察する。植木鉢にきれいな花が咲いていると興味をもって見て、保育者と会話をしたり、歌を歌ったり、虫を見つけて驚いたり喜んだり、ジョウロで水やりをするなど、自分から活動していく。

津守真の言う、「子どもが自分自身の世界を発見し、その世界をひろげ、深め、統合してゆくこと、すなわち、ひとりの個性的な人格として、未知の世界に立ち向かってゆく[7]」ことができるような保育室でありたい。子どもたちの1日の園生活を考えると、保育室で生活し遊ぶことが多い。それだけに保育室は、子どもが自由に主体的に遊びや活動を選んで過ごせる、居心地のよい魅力的な環境が整えられていることが大切である。

園　　庭

「保育の場としての地域社会」の項でみてきたように、都市化の進展によって子どもたちが自由かつ能動的に遊べる空間が少なくなってきている現在、園庭のもつ重要性は大きくなってきている。1948（昭和23）年刊行の「保育要領—幼児教育の手引き—」には、「幼児の生活環境」の項の運動場に、「運動場は日光のよく当たる高燥で排水がよく、夏には木陰があり、冬は冷たい風にさらされないところを選ぶ。できるだけ自然のままで、草の多い丘があり、平地があり、木陰があり、くぼ地があり、段々があって、幼児がころんだり、走ったり、自由に遊ぶことができるような所がよい[8]」とある。園庭は、緑の多い自然な起伏や斜面があり、木立、芝生や茂み、草花、砂場、水場、遊具、遊びの基地・隠れ家・プレイハウスなどがあり、子どもが夢中になって遊べる場であってほしい。春夏秋冬にいろいろな変化を見せる自然のある園庭で、子どもたちは仲間と群れて遊び、花や草を摘んだり、生き物を発見したりする。子どもが感動し、興味をもち、好奇心や探求心が呼び起こされるさまざまな事物や現象に出会える場がある。リレーやボール遊びなどの活動が可能な広くて平らなスペースがある、このような環境の中で子どもが主体的に活動を展開する時、さまざまな運動能力を駆使して遊んでいくといえる。こうした園庭の環境がむず

かしい場合は、それほど遠くないところにある自然豊かな公園や森林、農園などを代替えの場として求めたい。

　園庭にはすべり台やジャングルジムなどの固定遊具が設置されていることが多い。固定遊具は、どの年齢にも幅広く遊べて、これらの遊具を媒介とした遊びが展開されることも多いが、登る、すべる、こぐなどの使用目的が単純で、遊びを工夫したり、アレンジしたりしてみんなと一緒に遊びを楽しむという発展的な関わりがみられにくい傾向がある。しかし、自由な時間が十分あると、たとえば、ジャングルジムは、長い板を渡してベッドとなり、おうちごっこが始まる。平均台は、お話の『三びきのやぎのがらがらどん』のトロルがいる橋になって、友だちと共通のイメージでお話の世界で遊ぶ。子どもが自分たちで遊びを工夫し創造していく保育の重要性を考える時、固定遊具や移動遊具の多面的な活用を考えることが大切であろう。

　子どもたちが主体的に考えて行動し、創造的に遊びが展開できる時間と空間としての園庭の重要性を認識することが大切である。その中で子ども自らが冒険心や探求心を満たした遊びを多様に展開しながら、発達に最適な自然にあるものを遊具として選び出し活用する能力を日常的に身につけさせたいものである。

人的環境としての友だちや仲間、保育者

　子どもは成長するにしたがいさまざまな人々と関わって人間関係を築き、それぞれ異なった体験を重ねていく。幼児期の子どもは、信頼や憧れをもってみている周囲の対象者の言動や態度などを模倣したり、それを自分の行動にそのまま取り入れたりすることが多い。この対象は、初めは父母や年長のきょうだい、保育者など大人であることが多い。園での集団生活を経験し、自分の思うようにならないこともあることを体験した子どもは、いつも支えてくれる保育者がいることで情緒が安定し、外に向かって積極的に働きかけていく。子どもの生活が広がるにつれて友だちや仲間との接触が多くなり、自分と異なる考え方や価値のあり方を知り、自分を認識していくことになる。

友だちや仲間との関わり

　子どもが人間性豊かに成長していくには、仲間が必要である。園生活のなかで、クラスは子どもにとって仲間意識を培う基本となる集団である。子どもはそのなかにあって、自分以外の子どもの存在に気づき、友だちと遊びたいという気持ちが高まり、友だちとの関わりが盛んになる。友だちとの接触は、自分と異なる考え方や価値のあり方を知り、自己中心性を卒業していくといった大切な芽を育てる。ままごとなどの遊びのなかで、好きな役割になりきって言葉を交わしたり物のやりとりをしたりするなど、相互関係を通して子どもは自己の存在を確認し、自己と他者との違いに気づき、他者への思いやりを深め、集団への参加意識を高め、自律性を身につけていく。園生活においては、友だちや仲間と十分に関わって展開する生活を大切にすることが重要である。

　子どもは大人との関わりや遊びを基に、同年齢またはそれに近い年齢の仲間との遊びへと拡大していく。現在は、学校生活と同じように幼稚園や保育園でも年齢別のクラス編成が多い。少子化できょうだいが少ない状況や、地域社会で異年齢間での遊びがみられなくなっている現状から、園生活での異年齢との友だち関係、仲間関係は非常に重要だといえる。年中児が年長児のこま回しを楽しんでいる姿に影響を受けて興味をもち、こまに紐を巻く手元をじっくりと見つめて何度も試行錯誤しながらこまが回せるようになっていく。その様子を年少児もそばでじっと見て、いつの間にかその術(すべ)を習得して回すようになる。また、ドッジボールを真剣に楽しんでいる年長児のなかに年中児が入っているのを「一緒に遊んでいるなぁ」と感心していると、年少の3歳児までが仲間になって異年齢児間で遊びが広がっていく。こうして異年齢児が一緒になって遊んでいる時には、同年齢同士の遊びにはみられない真剣さや優しい雰囲気が生まれ、そのなかで、子どもたちの遊びが続いていくのである。

　荒井洌は、「日本では、『たてわり』とか『異年齢混合』などと言いますが、どこかしっくりとはしません。そこで、世界に通用し、一般の人々にも愛されそうな"sibling group"(きょうだいグループ)を提案したい[9]」と言っている。子どもにふさわしい自然な成長を願う時、きょうだいや近所の異年齢児は同じ

グループにするなど、ヨコ割りではないナナメの関係が貴重になってくる。異なる年齢の友だちと関わることは、年下の子どもにとってはより魅力的な遊びを体験することになり、近い将来への目標となる。年上の子どもにとっては、年下の子どもとの接触を通して他者に優しくしたり、思いやったりなどの気持ちを育む機会となっていく。

保育者との関わり

　子どもは、大人によって自分は守られ、自分の存在がありのまま受け止められているという安心感から次第に自分の世界を拡大し、自立した生活へと向かっていく。倉橋惣三は、保育者の役割を「子供の生活に対して心遣いの細やかさ……子供に対してはどこまでも強く響かぬ存在だが、しかも、幼児たちのために、指導することにおいて、誘導することにおいて、教導することにおいて、実に周到な、実にこまやかな活動をしている人[10]」と位置づけ、こうした心がけであってこそ、子どもが子どもとして生活できる園が実現できるのだという。子どもとともに1日の主要な時間を過ごす保育者の存在が、子どもの行動や心情に大きく影響を与えることはいうまでもない。

　園生活で環境をつくるのは保育者であり、保育者自身も人的環境として重要な存在である。何よりも大切なことは、保育者自身の遊ぶ力や遊びをどうおもしろくするかという発想の豊かさや創造性があることだろう。とはいっても、保育者が先に立って遊ぶということではない。保育者の役割は、子どもが遊びのなかで何に気づいて楽しんでいるのか興味の方向性を見取って、時には一緒に遊んだりして遊びを共有しながら、子ども自身の力でより楽しく遊びが展開できるように環境を再構成していくことである。たとえば、水面に太陽の光が反射してできた影が天井に映っていることに気づいて、「あれ、なにかなぁ？もやもやっと動いている！」「あっ、もやもやが消えた」「どうしてかな？」と不思議そうにしている子どもの姿から、さらに光と影に興味がもてるように物的・空間的環境を設定し、遊びを創造し、ともに楽しむことだといえる。

　保育者が子どもの遊びをともに楽しむ姿や物の扱い方をみて、子どもは遊び

を楽しみ、物の取り扱い方を知っていく。環境設定を楽しむことは、保育の仕事を楽しむことにもなる。保育者の生活者としてのありよう、自由な温かい雰囲気や眼差しといった目に見えない環境も大切である。子どもは、いろいろな雰囲気を敏感に感じ取って、それに大きく影響を受けて成長する。また、子どもの素質や能力は柔らかく伸びようとする萌芽の状態にあるので、保育者にはなごやかで温かい思いやりのある人間性が望まれる。保育者の人間性が雰囲気をつくり出す最も重要な環境だといえよう。

近年、家庭の教育力の低下が指摘されている。保育者は、日頃の親子の何気ないやりとりや子どもの様子から、親子のかかえている問題に気づくことが大切である。家庭の中に何か問題をかかえていると、子どもの活動にその影響が表れてくる。親は、わが子の基本的生活習慣の形成度がわからなかったり子どもと触れ合う時間が少ないと感じていても、どうしてよいか具体的な手だてがみつからなかったり、客観的にみて問題があると思われる事例でも、特に問題はないと思っていたりする。保育者はこうした親の気持ちを理解しながら、子どもと親と保育者もともに育つという観点から保育を考えることが、今求められている。

3　保育教材の精選

現代の子どもたちは情報過多の社会で育ち、子どもの住む世界と大人の世界を分け隔てられることがなくなってきたことから、体験する前にメディアなどの映像による知識が与えられているといってよいだろう。「それ、知っている」が最近の子どもたちの口癖だという。大量の刺激や情報のなかで体験する前に知っていることがいっぱいあるという育ち方をしているのである。

ルソーは、「ものを見わけるようになったら、子どもに見せるものを選択する必要がある」[11]と言っている。子どもは身の回りの環境を貪欲に吸収する。したがって、子どもの活動が精選されるような環境の構成、すなわち、子どもに伝える必要のあるものが選択され、子どもが考え、工夫し、創造して、自らの

第 5 章　保育環境と子ども　　87

成長にふさわしい必要な体験を積み重ねていくことができる環境を創り出すことが大切である。

　保育教材といわれるものの範囲は広い。1948(昭和23)年刊行の保育要領では、「運動に使う器具、おもちゃ、その他幼児がその遊びに使うものすべてを遊具という[12]」としている。ここでは保育教材を、保育要領にならって子どもの遊びや学びのためのものとして、子どもの身近にあるもの、動植物やさらにそれらを含めた大きな自然や自然物、日常生活用品、おもちゃ、遊具、教具、用具、素材、用品などすべての物を含めたい。

　保育教材には、遊びを魅力的にするものが求められる。したがって、保育者は子どもの活動を観察し、子どもの興味や関心、何を求めているのかをよく知らないと、準備した保育教材は生かされない。指導計画を立案し、保育教材を保育環境に取り入れる際に、子どものやりたい活動のなかに保育者のねらいを入れ込んでいく必要がある。子どもは活動的で、大人がいうところのできばえよりも遊びそのものを楽しむので、子どもが自分の活動に生かせる創造的・想像的な遊びのできる教材を選ばなければならない。倉橋惣三は、「設備によってこそ生活が発揮され[13]」、「設備によって保育する[14]」とまで言っている。ここに子どもが自己充実し十分に活動するには、設備すなわち保育教材を精選する必要性が読み取れる。

遊び道具としてのおもちゃ類

　遊ぶことは学ぶことである。水や砂、木の枝や石ころなども、子どもにとってはおもちゃとしての機能を果たしているが、遊びに最も必要なもの・おもちゃの基本としてボール、積木、人形をまずあげたい。

　保育教材の精選基準としては、まず子どもが楽しむかどうかである。材質のよさ、デザイン、安全性などの考慮は当然必要であるが、何よりも遊びの広がりの可能性を重視しなければならない。子どもの興味や関心に沿った教材、たとえばピクチャーパズル類は、カレンダーやポスターなどを利用して保育者が手作りして備える配慮も必要だろう。物によっては必ずしも子どもサイズでな

くてもよい。ままごとに使う洋服や鞄、靴なども大人サイズを使うことによって活動の幅は広がる。あやとり、折り紙、新聞紙、包装紙、段ボール、縄、その他なんでもないガラクタ、プリンカップ、ペットボトルなどは、子どもたちがさまざまに活用して遊べる応用範囲の広い保育教材といえる。

草花の鉢植えや小動物の飼育ケースなど

　日本は季節の変化がはっきりしていて、四季折々の美しさがある。それらを全身で感じさせる機会をつくろう。幼稚園や保育所では、動植物との関わりを可能にしたい。飼育栽培ができる保育教材として、季節の草花、トマトやナス、木の実や木の葉、アゲハの幼虫、カブトムシ、カエルやカタツムリなど、子どもたちの身近にあって興味のあるもの、きれいなもの、手に入りやすいもの、さわれるもの、誕生から成長までがみられるもので、植物も動物も愛情をもって子どもとともに育てられるものがよいだろう。飼育栽培物の世話は、保育者が中心に行いながら、子どもには手伝いも含めてさまざまな体験をさせたい。

　身近な動植物との関わりを通して自然の神秘や摂理に触れ、生命ある物に対するいたわりや関わり方を具体的な体験から気づかせることが大切である。

名画、名曲、絵本や童話、図鑑など

　壁に子どもの作品を飾ることは大切であるが、一方で大人の描いた絵や名画の複製、展覧会のポスターなどの作品を飾ることも重要である。音楽にも同様のことがいえる。幼児向けの曲だけより、日本国内外の名曲をリズムやテンポ、音色などを考えて選び、聴かせることも大切である。美的感性は、自分で歌ったり描いたりするだけで身につくものではない。

　子どもが最も身近に触れる文化に絵本がある。多くの国で語り継がれ読み継がれてきた昔話や民話、絵本や童話には、おもしろくて、物語性が豊かで、娯楽的な要素をしっかり備え、喜びや悲しみ、怒りなど人間のもつ感情などが織り込まれたものが多い。図鑑類は、子どもの興味に沿ったものや季節によって保育者が関心をもたせたいものなどを手近に置いておくと、子どもなりに楽し

んだり、自分自身の遊びに活用したりする。絵本や図鑑類は、子どもたちが興味を示すような置き方や見る場所の工夫がいるであろう。たとえば名曲をながしたり、たたみやソファーでの読書、室内の明るさなども考えたいものである。

　子どもが見たり、聞いたり、扱ったり、試したり、考えたりする体験や物の性質、数量、文字などの活動範囲を広げ、知的好奇心や探索意欲を満足させるための保育教材を環境の中に取り入れ、さまざまな活動体験ができるような配慮が必要である。

　こうして保育教材を精選し、環境を整えることは保育の重要な基本といえよう。倉橋惣三は、「喜ぶように、うれしがるように、あるいはことさら嬉しくも楽しくも思わないほど、子供が自然な満足を感じるように、そういうように、心をつくして置いてやりたいのです」[15]と言っている。保育教材は、子どもが本来もっている好奇心から触れて遊び、遊んでいくうちに、その性質やしくみがわかって遊びにうまく生かせるようになっていくように精選し整えていくものなのである。

　子どもは準備されたものだけを使って遊ぶわけではない。身近なものや事象も、たとえば、河原に行くと石、風の強い日などは風、日の光が差し込んできた時には光、など季節や日々の変化に応じて子どもの興味や関心から活動が発展する時、保育教材として意味をもってくる。保育教材に主体的に関わり活動が展開する時、子どもは自分らしく生き生きとした生活をしていくのである。

1）M・J・ランゲフェルド、和田修二監訳『よるべなき両親』玉川大学　1996年　5頁。
2）柳田国男『子ども風土記』角川書店　1976年　41頁。
3）倉橋惣三『倉橋惣三選集第一巻』フレーベル館　1968年　26頁。
4）フレーベル、荒井武訳『人間の教育（上）』岩波文庫　1968年　38頁。
5）津守真『子ども学のはじまり』フレーベル館　1991年　7-8頁。
6）倉橋　前掲書　32頁。
7）津守　前掲　22頁。
8）文部省『幼稚園教育百年史』ひかりのくに社　1979年　547-548頁。
9）荒井洌『ファミリー・サポートの保育園』明治図書　2002年　86頁。
10）倉橋　前掲書　54-55頁。

11）ルソー、今野一雄訳『エミール』岩波文庫　2003年　73頁。
12）文部省　前掲書　549頁。
13）倉橋　前掲書　32頁。
14）同上　22頁。
15）同上　26頁。

第6章
学校環境と子ども

1　教育の場としての学校

学校教育がめざすもの

　戦後60年を経過した今日、教育の世界は混迷をきわめ、学校や子どもをめぐる問題が、毎日のように新聞やテレビなどで報じられている。

　確かに、今の子どもたちがおかれている状況は厳しい。「塾通い」は今やあたり前となり、ゆとりのない多忙な生活を送る子どもたちが増えた。学校では、いじめや不登校が増加の一途をたどり、いじめを苦にしたと思われる自殺事件も相ついで発生している。近年は学級崩壊が全国的な広がりをみせるようにもなった。また、高校進学率がほぼ100％に達しようとしている一方で、中途退学者が増加している。10年前、20年前に比べて、子どもたちの学力が低下しているという指摘もある。学校の中で次々と起こる問題への対応に疲れ果て、精神を蝕（むしば）まれていく教師もあとを絶たない。学校を取り巻く病理的現象は数えあげればきりがないのが現状である。

　これらの問題は深刻かつ重要であるがゆえに、新聞やテレビなどのマスコミではたえず取り上げられ、教育関係者の間ではさまざまな議論が交わされている。時代の変化にともなう子どもたちの変化、教師の指導力の欠如、家庭や地域の教育力の低下など、さまざまな側面から荒廃の原因を探ろうと努力が続けられている。しかし、これらの側面は複雑に絡まり合っているため、問題解決の糸口が簡単にはみつからず、どこから手をつければいいのか、途方に暮れているというのが実態である。

しかし、現実に、子どもたちは多くの時間を学校で過ごしている。義務教育の9年間、高校、大学まで含めれば12〜16年間という膨大な時間を学校という場所で費やしている。つまり、子どもたちにとって学校は、今も昔も変わらず、家庭についで大切な生活の場だといえる。混沌とした今の時代だからこそ、原点に立ち返り、時代や社会が変わってもなお変わらない、普遍的な学校の営みについて考えることは意義あることである。

シュプランガーはその著書『教育学的展望』において、「学校が、成長しつつあるものの精神的存在の根底をつかみ、彼から生活の嵐の中でびくともしない倫理的諸力および志操を取り出し、人間のなしうるいっさいのものを強固な性格の陶冶にふり向ける[1)]」その場合においてのみ、学校はその教育の場としての気高さを得ることができると述べている。シュプランガーは、自分自身が身をおいてきたドイツの学校制度を振り返り、学校は、「そこで知識と技能が獲得されうる一つの教授施設[2)]」だと考えるのではなく、「性格陶冶[3)]」を目標とするべきだと説いている。また彼は「若いひとは、彼のために選択された一定の陶冶財によって、彼の内面のより豊かな、より高い姿にまで目覚めさせられるべきである[4)]」とも述べている。このような内面を目覚めさせる教育的努力を、彼は「覚醒[5)]」と呼び、そこに教育の意義を見出した。しかし、このような過程には多くの時間を必要とすることも合わせて主張している。

わが国の教育の基本理念が示された「教育基本法」の第1条に「教育は、人格の完成をめざし、平和的な国家及び社会の形成者として、真理と正義を愛し、個人の価値をたっとび……」と教育の目的が謳われている。これらの文言には、明治以降の日本の教育と、悲惨で愚かな戦争を避けられなかったことへの深い反省が込められて、「人格の完成」を教育の目的としているところに注目したい。教育基本法の解説には「教育が人間を人間たらしめるものであり、人格の完成をめざさなければならない……」と説明されているが、この言葉には、教育の目的の裏側に、人間が人間として存在することがいかにむずかしいことであるかという現実が語られているのである。人間はそもそも未完成な存在である。未完成であるがゆえに、教育を通して、たゆまぬ努力を積み重ねながら、少し

ずつ人間になっていく存在だということなのである。

　学校は、社会の発展とともに、蓄積された文化をより意図的・計画的に伝達するために生まれてきた。時代や制度が変わり、その内容や方法が変わっても、学校という空間には、他の空間にはない大きな可能性が潜んでいることは確かである。学校という場所は、教師と子ども、子どもと子どもが出会い、ひとつの事柄を協同的、継続的に追求していく知的な空間である。そして、その究極の目的はやはり、人格の完成をめざしての子どもの「人格の形成」にあるといえよう。現在のわが国の学校が、シュプランガーが理想としたような、人格形成の場として「気高い場所」となっているのかどうかを検証しながら、学校のあるべき姿を追究していきたい。

「生きる力」を育む学校

　現代は学校でしか学べないことがみえにくい時代である。昔のように、家庭の事情で学ぶ機会を失う子どもはほとんどいない。反対に、学校で学ぶ内容は早々に塾で学習しており、新聞やテレビ、書物には魅力的な情報があふれている。学校に行かなくても知識を得るのに困ることはないのである。

　しかし、「人格の完成」に関わって、学校でしかできないこと、学校だからこそできる教育の営みがあるはずである。このような視点に立った時、学校という場所が果たすべき大切な役割がみえてくる。その学校の役割は、何よりもまず、今を、そして未来を生きる子どもたちに「生きる力」を育むことにあるといえるだろう。

　「生きる力」の育成は、21世紀を展望したわが国の教育のあり方において、めざすべき方向として示された。変化が激しく、先行き不透明な現代社会のなかで、たくましく生きる力を身につけることは重要なことである。では、学校で培うことができる「生きる力」とはどのようなものであろうか。次の3つの側面から捉えてみた。

　1つ目は、教育における「不易」といわれる側面である。時代を越えてなお変わらない価値あるもの―豊かな人間性や正義感、公正さを重んじる心、自立

と協調、思いやり、人権尊重、自然愛―など、いつの時代、どこの国においても大切にされなくてはならないものがある。また、自分の国の言語や歴史、伝統、文化を大切にする心を培うことも大切である。これらこそがシュプランガーのいう「倫理的諸力および志操」であり、「良心」である。そして、子どもたちが社会の荒波をたくましくのり越えていくために、なくてはならない「生きる力」なのである。

　これらを培うために学校が果たす役割は大きい。しかし、それは容易なことではなく、効率的かつ合理的に行われるべきものでもない。さまざまな教材、人、出来事を媒介とし、各教科、道徳、総合的な学習、特別活動、学校行事など、全教育活動を通して、全身全霊を傾けて行われなければならない。また、これらの獲得は学校だけで可能となるものではない。家庭や社会がそれぞれ教育の場としての機能を十分に発揮し、連携を取り合って補い合い、一体となって営まれることが大切なのはいうまでもない。だからこそ、シュプランガーがいうように、このことには多くの時間が必要であるし、根気強く行われなければならないのである。

　「生きる力」の2つ目の側面として、自分で課題を見つけ、自ら学び、自ら考え、主体的に判断し、行動し、よりよく問題を解決する力があげられる。知識を教え込んできた従来の教育から、「自ら学び、考える教育」への転換である。この力を「自己教育力」という言葉に置き換えることができるが、わが国において「自己教育力」という言葉が初めて登場したのは、第13期中央教育審議会の「教育内容等小委員会報告」(1983〔昭和58〕年11月)であった。シュプランガーが「文化財の単なる伝達、たとえば、いわゆる受動的なたましいの容器の中への知識の単なる詰め込みは、もはや存在しない……自己発展するたましいの内的活動性なしには、提示されたものはなんら獲得されえないのである」と述べてから20年余りもの月日を経て、わが国の学校現場で「自ら学ぶ子の育成」「主体的な学びを求めて」「自己教育力を育てる学習指導」等のテーマを掲げ、その研究が盛んに繰り広げられるようになったのである。

　では、「自己教育力」とは具体的にはどのような内容が考えられるだろうか。

大きく3点に絞って考えることができる。

（1）子ども自身の「学ぼうとする意欲」

　子どもが自ら学び、自ら考えるためには、何よりもまず、学ぼうとする意欲をもつことが大切である。教えたからといって、必ず子どもが学ぶとは限らない。子ども自身が学ぼうとしない限り、学習は成立しないということである。教師が支配者として君臨している学級では、その支配と服従の関係が崩れた時に、子どもの学びもはかなく崩れ落ちる。そこで、学校は従来から行われてきた教師中心の教え込み教育からの脱却を図り、子どもの「学び」を中心とした教育へと組み変えていかなければならない。

　これは、「教える」という行為を否定するものではない。発想の転換である。学習の主体は子どもであり、教師は、教育内容や教材、環境を準備するという行為を通して、主体に働きかける存在になるということである。子どもたちの学習活動は、覚える、暗記するという活動から、自ら発見する、追究するという活動に変容していくのである。

（2）「学び方の習得」

　そこで「学び方」の習得が必要になる。子どもが自分自身で問題を発見し、追究し、解決していくためには、その手順や方法がわからなければならない。また、問題解決のために必要な情報活用能力（調べ方、コンピュータリテラシー等）も身につけなければならない。さらに、学びとったことを表現する力も必要となってくる。このような「学び方」を身につけることは、子どもたちにとって、生涯を通じて生きて働く力となるはずである。

（3）「次の学習へつながる学力」（基礎学力）

　このようなプロセスを経て獲得された力は、さらなる興味や意欲を喚起させ、次の学習へとつながる基礎の力となる。これを基礎学力と捉えたい。学力についてはさまざまな捉え方があり、基礎・基本についてもその教育観や学力観と関係して、さまざまな考え方がある。そのため、学力低下論争においても、議論がかみあわないことがしばしばあった。

　ここでいう基礎学力には、2つの要素がある。1つ目は、知識・技能を中心

とした伝統的な学力観によるものである。つまり、さまざまな事柄を学ぶうえで必要となる、読み・書き・計算のことである。これらは特に義務教育段階では、最低限、習得するべき学力だとされてきた。事実、基礎学力を十分に習得できなかった子どもの多くが、学習意欲を喪失し、劣等感に悩み、欲求不満を抱いている。進学や就職など、将来に対して希望がもてず、生きる意欲を失う場合もある。子どもたちに基礎学力をつけることは学校の急務である。それぞれの学校が、子どもの実態に応じて指導方法を創意工夫し、わからない子をそのままにしない、粘り強い指導が必要である。

　基礎学力の2つ目の要素は、前述した知識・技能に加え、思考力・判断力・表現力までも含めた幅広い学力である。これが文部科学省の提言している新学力観であり、「確かな学力」といわれるものである。文法や文学に関する知識はあっても、作品そのものに興味をもち、読み進めていく力のない子どもが増えている。公式を使った数の操作には慣れているが、その意味を考えようとしない子どもや、年号を丸暗記し、歴史の知識はあっても、今、自分が生きている社会の動きには無関心な子どもも少なくない。知識・技能と思考力・判断力・表現力は対立する概念ではない。これらをバランスよく育むことが大切なのである。激動する社会においては、前者の学力だけでは不十分である。また、前者をおろそかにして後者は育まれないのである。

　学習のなかで「わかった」時の子どもたちの目の輝き、「できた」時の喜びあふれる笑顔を忘れてはならない。基礎学力を保障することは、学校がなすべき重要な使命であり、自己教育力の育成において必要不可欠な課題なのである。

　自己教育力を育成する過程を繰り返すことによって、子どもたちに学び方が身につき、生きて働く基礎学力が形成されていく。これには、やはり長い時間と訓練が必要である。しかし、この地道な学びの積み重ねこそが大切であり、これが「生涯学習」の基礎を培うものとなるのである。人間は、生涯、学び続けることによって人間になっていくのだとすれば、子どもたちが生涯を通じて学び続ける意味や方法を知ることは意義深いことである。

　教育の場としての学校が育む「生きる力」の3つ目の側面は、健康や体力の

向上、生活体験や自然体験の重視である。

　遊びや生活様式の変化、食事の偏りなどからくる、子どもたちの視力低下や肥満の問題は深刻である。個人差は大きいが、体力や運動能力の低下も否定できない。家庭との連携を密にしたり、養護教諭との連携指導を行ったり、総合的な学習で「食育」を課題として取り組んだりして、成果をあげている学校もある。地域や社会教育と連携して心身の健康増進活動や日常的なスポーツ活動の実践を行っているところも増えてきた。いずれにしても、学校、家庭、地域の連携、協力が必要である。そのためには、学校が発信地となり、3者をつなぐ紐帯のような役目を果たすことが肝要である。

　生活体験を重視したのは、ジョン・デューイである。デューイはその著書『学校と社会』の中で、「生活することが第一である。学習は生活することをとおして、また生活することの関連においておこなわれる[8]」と述べている。また「学校は子どもが実際に生活をする場所であり、子どもがそれをたのしみとし、またそれ自体のための意義をみいだすような生活体験をあたえる場所であることが最も望ましい[9]」とも述べている。デューイは自ら開設したシカゴ大学附属小学校で、理論と実践を有機的に関連させた教育活動を行った。この学校には作業室、実験室のほか、広い台所と食堂があった。当時の学校では講義形式の一斉授業が主流を占めていたが、デューイの学校では、子どもたちが布を織ったり、裁縫をしたり、料理をしたり、木工作業をしたり、さまざまな活動をしていた。しかもそれは、教科としての狭い枠内の活動ではなく、生活の場そのものであった。「子どもは家庭で学ぶことがらを学校にもちはこび、それを学校で利用することができる。そして学校で学んだことを家庭で応用する[10]」ので、それはおのずから自発的かつ共同的な学びの場となったのである。

　しかし、現代社会では、あまりにも便利になった生活のなかで、子どもたちは家事を手伝わなくなった。農村地域でさえ機械化が進み、田植えや稲刈りを手伝う子どもの姿をみることはなくなった。生活体験の場がどんどん失われているのである。豊かな生活体験のなかでこそ、子どもたちは気づき、考える。そして、知識を肉体化していくのである。東井義雄（1912-1991）は著書『若

い教師への手紙2　子どもを見る目　活かす知恵』の中で「しかるに、今の子どもたちは、仕事をしなくなった。親たちも仕事をさせなくなった。子どもがする仕事も少なくなってきた。しかし、この『安逸』の中では、子どもの生命力までダメにしてしまう。やはり『体で学ぶ』『体を使う』ことを工夫しなければならない」[11]と述べている。生活体験の欠如は、人間の生命力さえも弱体化させてしまうという指摘である。学校でいかに生活体験をさせていくか、これは課題である。生活科や総合的な学習が担う役割も大きい。このような視点に立って、生きることと学ぶことが一体化していくようなカリキュラムの編成を考えることが必要である。

ともに学ぶ集団としての学校

　教育の場としての学校が果たすべき役割について「生きる力」に焦点をあてて考えてきた。しかし、ここで忘れてはならないのが、学校を学校たらしめる最大の要素は、そこが「集団教育の場」であるということである。学校という集団、あるいは学級という集団はどのような集団であることが望ましいか、どのような集団になった時、教育の場としての役割を果たすことができるのか、そのことについて考えてみたい。

　斎藤喜博(1911-1981)はその著書『授業子どもを変革するもの』のなかで、「教師をふくめた何十人かの学級集団で教材を学習することによって、また学校全体の力によって、ひとりひとりでは出すことのできない力を出していけるところに、学校の機能があり特長があるのだと考えている」[12]と述べている。また、「学校は、学校の持っている力とか、学校のなかの、学級と学級との交流の力とか、学級全体の持っている力とか、学級と学級外の他の先生とのかかわり合いの力とか、学級の学習での子どもと子ども、子どもと教師との激しいぶつかり合いの力とかによって、そのなかにいる学級とか個人とか教師とかが、持っている力だけを出すのでなく、5が10になったり、4の力が8とか10になったりして出ていくものである」[13]と語っている。

　このような学習集団は、ともに学び、高まり合う集団である。ここには他者

との相互作用がある。子どもは、自分だけのひとりよがりな学びを越え、教師や友だちの学びを自分の中に取り込む。そして、自分自身を変容させ、創り上げていくのである。ここには、精神の息吹きが感じられる。このことをフレーベルは著書『人間の教育』のなかで、「したがって外的なものを、多かれ少なかれ習得するための機関としての学校は、決して、学校を学校たらしめるものではない。すべてのものに生命をふきこみ、すべてのものを活動せしめる、生き生きとした精神の呼吸ないし息吹きのみが、学校を真に学校たらしめるのである[14]」と述べている。生き生きとした精神の呼吸ないし息吹きとは、フレーベルによれば、子どもたちの先生に対する予感であり、期待であり、信頼である。これらは、「かれら相互の間を結合する眼に見えない、しかもきわめて有効な絆[15]」である。学校あるいは教室という場では、子どもと子ども、子どもと教師、教師と教師が強い絆で結ばれ、学び合う関係がつくられなければならない。

　佐藤学（1951-）は『教室という場所』のあとがきで、「教室という場所は、子どもたち一人ひとりが、自分の居場所を見いだし、学びあう仲間を見いだし、学ぶ意味と愉しみを見いだし、学び続ける存在としての自分を見いだす場所として再構成されなければならない。さらに、教室という場所は、教師が、子どもたちとともに自分を生きる場所となり、教える仕事の意味と愉しみを見いだし、教育と文化の意味を見いだし、学びながら教え続ける存在としての自分を見いだす場所として再構成されなければならない[16]」と結んでいる。この言葉のなかに、教育の場としての学校のあるべき姿を見出すことができるのではないだろうか。

2　教材の選定

魅力的な教材

　学校において、子どもたちに生き生きとした精神の息吹きを与えるものは「授業」である。学校や教師の仕事は、「授業で子どもを育てること」にあると言い換えることもできる。斎藤喜博は「授業は、教師や子どもに創造と発見の喜

びを与え、子どもに、きびしい思考力とか追求力とかをつけ、教師や子どもを、つぎつぎと新鮮にし変革させていくものである」[17]と述べている。これは、授業や指導が高いところから一方的に教師の価値を押しつけるようなものであってはならないことを指摘している。そして、人間を変革させるような、価値の高い授業の創造が必要であることを示している。

　授業をつくる過程においては、まず学習目標が設定される。今、目の前にいる子どもたちに「どのような力」をつけたいのかを明らかにする。そして次に、目標に到達するための学習展開が工夫される。この時媒介となるのが「教材」である。したがって、子どもにいつ、どのような教材を、どのように出合わせるのかを考えることは大変重要である。教科書に載っているからという理由だけで漠然と教材を与えたり、学習を強いたりすることは避けられなければならない。

　子どもたちにとって教材が魅力的なものとなるためには、その選定にあたって、次のような点に留意したい。

（１）　子どもの実態や興味に合った教材

　子どもにとって、教材は実態や興味に合ったものでなくてはならない。その教材がたとえ学ばせる価値の高いものであっても、それが子どもの発達段階や学びの実態、興味に合っていなければ、子どもはたちまち学ぶ意欲を失ってしまう。教材を十分に消化できず、その学びは中途半端なものに終わってしまうのである。そうならないためには、教師は、教材を選択・決定する必然性や状況性を十分に把握する、高度な専門性を備える必要があろう。

（２）　子どもの精神財となる教材

　シュプランガーは「学校は……人類のもっとも高貴な精神財を選択することによって、成長しつつある者に、いわば彼が強くなるための栄養物を準備しうるにすぎない」[18]と言っている。ここでシュプランガーが、「精神材」ではなく「精神財」と表現していることに注目したい。彼は、自然財や文化財など、人間生活を維持したり高めたりするのに適している場合に、「財」という言葉を使っている。彼によれば、精神財は芸術品、書籍、楽器、礼拝像などであり、これ

らが教育者の手によって、子どもたちの魂を育てるようなものに還元された時、初めて教育財となりえるのである。

　教師は、このような精神財となるような教材を見つけ出す努力を惜しんではならない。たとえば、幼稚園や小学校ではしばしば、童話や絵本の読み聞かせを行う。子どもたちは、教師が語る声を通し、作者が紡ぐ言葉の世界にひたる。挿絵に描かれた世界から、話のイメージを膨らませる子どももいるであろう。また、国語の時間に、詩が教材としてよく取りあげられる。詩は、短い言葉のなかに作者の感性が凝縮された感動表現である。子どもたちは言葉のリズムを楽しみ、その響きに関心をよせながら、作者の感動したことを想像したり、追体験したり、心の中に映像化したりすることによって、作者と同化していく。このような、子どもの魂を揺さぶることのできる教材が「精神財」である。童話や絵本、詩のほかにも精神財となるものはたくさんある。童謡や絵画もそうであろう。精神財は子どもの精神に栄養を与えるものであり、使い捨てができるようなものではない。時代を超えて、どの子にも伝えていきたい「精神財」は価値ある教育的財産なのである。

　しかし、このような教育的財産を価値あるものにするのは、教師自身にほかならない。どんなに素晴らしい財産が横たわっていても、それに気づかず、眠ったままにしておくことは、財産を放棄していることと同じである。教師はこのような精神財を発掘・選択して、教材化し、活用できる豊かな教養をもたなければならないのである。

子どもと教材をむすぶもの

　子どもにとって魅力的な教材が準備されても、学習の過程で意欲が減退し、子どもたちの学びが高まらないことがある。ここに子どもと教材をきり結ぶものが必要となる。

　これが「教材解釈」である。教科書教材であっても、提示の方法を工夫したり、資料を新たに加えたりすることで独創性が生まれ、教材が生き生きと甦る（よみがえ）ことがある。またいくつかの教材を組み合わせることによって、学習に幅と深

まりをもたせることもできる。生活科や総合的な学習では、地域の教材化を図っている学校も多い。子どもたちの生活のなかで起こる問題や出来事を教材化することもあり、これは道徳の授業でしばしば行われていることである。つまり、教師がどのように教材をみるかが問題である。言い換えれば、教師は「教材を見る目」を養う必要があるということである。

斎藤喜博は「国語の文章が読めて一般的な解釈ができるとか、数学の問題が解けるとかいうことだけで教師の教材解釈ができたということにはならない[19]」と言い、「正しく一般的な解釈をしたうえで、対象である教材を、ひとりの生きた人間として観察し分析し、そのなかから新しい思考や論理や感情を積み重ねていこうとする仕事である。だから、生きている教材と対面しての、自分や他に対する解釈である[20]」とも述べている。このように考えると、教材解釈はきわめて人間的なものである。そこには教師の感性や人間性、生きざまが現れてくる。そして、このような教材解釈の根底には、授業に対する情熱と子どもに対する深い愛情が横たわっているはずである。

教師の深い教材解釈と子どもの教材に対する観察や思考がぶつかり合い、授業が展開された時、子どもや教師に新鮮な魂の変容が訪れる。感動が生まれる瞬間である。感動ある授業はまさしく、魂と魂のぶつかり合いである。このような授業をめざしたいものである。このような授業が共有できる学校をつくりたいものである。これらが実現した時、再び学校は生き生きとした生命力を取り戻し、感動ある、気高い場所となりうるのであろう。

3　教室環境の整備

基本的な考え（教室環境および図書室）

学校の中へ家庭生活あるいは家庭の精神をもち込もうとする思想は、ペスタロッチにおいては一貫して流れている。この考え方は、『シュタンツ便り[21]』のなかで次のように述べられていることからも明らかである。「わたしはもともとわたしの試みによって、家庭教育が持っている長所は公教育によって模倣さ

れねばならないということ、また、後者は前者を模倣することによってのみ人類には価値があるということを証明しようと思った。人間教育が必要としている全精神を把握せず、家庭関係の全生活に基づかない学校教育は、わたしの目に映るところでは、人類を人為的に萎縮させるところへ導いていくことにほかならない」と。

　したがって、彼の思想から考えた場合、「教室および図書室」そのものも家庭における「居間」を想定したものが理想となる。子どもの生活に「安らぎ」が与えられる居間、すなわち、子どもの生活に「安らぎ」が与えられる「教室および図書室」こそが理想の教室および図書室であると考えられる。安らぐことのできる空間、安全で、安心して自分の居場所がある環境、支持的な風土の中、温かみのある環境など、それらこそが理想的環境であると考えられる。

　ところで、教室環境を考えた場合、広義には、採光、窓の位置、黒板、机や椅子などの「物的環境」と、「学級担任自身および学級の児童」さらには「学級担任がつくる環境」などの「人的環境」があるが、ここでは「物的環境」について述べていくこととする。

物的環境

　まず、学級担任として整備しなければならないのは次のことである。
　「学校保健法施行規則」の第2章の2の第1節（環境衛生検査）の第22条の2第3項で「教室その他学校における採光及び照明」、第4項で「教室その他学校における空気、暖房、換気方法及び騒音」で環境衛生検査を行うよう定義づけられている。学級担任はもちろん、学校として、子どもたちの環境衛生を維持するためにも、基準を守り快適な生活が送れるよう配慮しなければならない。以下基準を示しておく。

【採　光】学校内、特に「教室」では200〜875ルックス。また、コンピュータ設置の教室やワープロ、ディスプレイ等を使用する教室の机上の照度は500〜1000ルックス（照度基準は日本工業規格照度基準JIS　Z9110の付表3−1および3−2に示されている下限値）。まぶしさの判定基準は次のとおりである。

・教室内の児童生徒からみて、黒板の外側15度以内の範囲に輝きの強い光源（昼光の場合は窓）がないこと。
・見え方を妨害するような光沢が、黒板面及び机上面にないこと。
・見え方を妨害するような電灯や明るい窓等が、テレビおよびディスプレイの画面に映じていないこと。
　事後措置として
・照度が、不足する場合は増灯し、採光・照明について適切な措置を講じるようにする。また、暗くなった光源や消えた光源はただちに取り替える。
・まぶしさを起こす光源は、これを覆うか、または目に入らないような措置を講じる。
・直射日光が入る窓は、適切な方法によってこれを防ぐ。
・まぶしさを起こす光沢は、その面を艶消しするか、または光沢の原因となる光源や窓を覆ってまぶしさを防止できるようにする。

【空　気】二酸化炭素が1500PPM以下・一酸化炭素が10PPM以下であることが望ましい。換気は回数として、40人在室、容積が$180m^3$の教室の場合、幼稚園・小学校は2.2回/時以上、中学校は3.2回/時以上、高等学校は4.4回/時以上を基準とする。

【気　温】冬季は、10℃以上、夏季は30℃以下であることが望ましい。最も望ましい温度は、冬季は18〜20℃、夏季は25〜28℃である。相対湿度は、30〜80%であることが望ましい。

【騒　音】学校保健の基準では、窓を閉めて教室内の騒音レベルが50デシベル以下であればよいとされている。ちなみに、窓を開けている場合は55デシベル以下である。

教室環境をつくる

　教室環境をつくる時、まず、内容によって「分類」してみることが必要である。「分類」することによって、それぞれの違いがはっきりしてくる。

教室環境をつくる―分類とその具体例

分類	内　容	具体例
固定された環境	・年間を通して「動かせない」もの ・学級のさまざまな活動、学級つくりの「基本的支柱」となるもの	・学級目標 ・学級のきまり ・日課表 ・火災・地震の時の避難の方法・避難経路 ・学校生活のきまり
連絡・確認するための環境	・活動の点検、分担の確認機能をもったもの ・連絡・通信機能をもったもの	・日直の仕事確認表 ・清掃分担表 ・今月の生活目標 ・今月の献立表 ・行事予定表 ・各種通信（保健だより・給食だより・図書館だより・児童会だより） ・背面黒板
活動的な環境	・児童の活動が常に「見えてくる」もの ・「常に変化している」もの	・係活動コーナー ・児童作品の掲示コーナー（絵画・習字作品） ・読書カードコーナー
雰囲気づくりのための環境	・雰囲気づくりのために効果的なもの ・活動に必要なもの	・飼育コーナー（金魚・めだか） ・植物コーナー ・学級文庫・マジック、ラシャ紙等の置き場

4　図書室の整備

図書室の役割

　学校での図書室（ここでは、学校図書館を視野に入れつつ、教育現場の状況を念頭において「図書室」と表記する）の役割は、小学校、中学校、および高等学校において、図書、視覚聴覚教育の資料その他学校教育に必要な資料を収集、整理、保存し、これを子どもと教師の利用に供することによって、学校の教育課程の

展開に寄与することであり、子どもの健全な教養を育成することである。学校図書室（館）の「学校の教育課程の展開に寄与する」という役割からも、子どもばかりでなく、教師も教材研究の必要性から重要な利用者であるということがいえる。

また、「新しい学力観」「生活科」「総合的な学習の時間」と、立て続けに教育改革が進んでいる現在、子どもたちの足が自然に学校図書室（館）に向かうような授業が展開されねばならない。そのような授業での利用に応じるため、学校図書室（館）は貸し出し業務を中心とした運営から授業での利用に向けた運営へ変えていく必要がある。

以上のことから、学校における学校図書室（館）の意義は大きい。

図書室の整備

2001（平成13）年12月に制定された「子どもの読書活動の推進に関する法律」には、基本理念として次のように述べられている。

> 子どもの読書活動は、子どもが、言葉を学び、感性を磨き、表現を高め、創造力を豊かなものにし、人生をよりよく深く生きる力を身につけていく上で欠けることのできないものであることにかんがみ、すべての子どもがあらゆる機会とあらゆる場所において自主的に読書活動を行うことができるよう、積極的にそのための環境整備が推進されなければならない。

したがって、学校はこの目的が達成されるよう、図書室の環境整備を早急に行う必要がある。

ところで、2003（平成15）年度から学級数が12以上の学校には学校図書館司書教諭をおくという学校図書館法の改正があった。少子化が進む今日では、12学級以上といっても、11学級以下の学校がたくさんあるのが現状である。市町村によって、正規の司書教諭が入ってすばらしい実践を積んでいる学校もあれば、臨時の司書が画期的な活動を展開していたり、あるいは図書主任だけで独自の活動を行っていたりする学校もある。最近では、保護者の協力による図書館ボランティアの活躍もある。いずれにせよ、図書室の環境整備を考えて

いかねばならない。
（1） 図書室の立て直し
　渡辺暢恵は『学校図書館づくり』のなかで、「図書室には3つの役目があります。①学習を支援する。②読書を通して心を豊かにする。③ほっとくつろげる場を提供する」と述べている。[22] このことを考慮に入れて、学校での図書室づくりを以下に述べていくこととする。
◉ 図書室の本棚・机・テーブルの位置
・読書用のテーブルは、いくつも合わせて大きな会議用の机のようになっているよりも、1つずつ離して、できれば向きも変化をもたせると、雰囲気がやわらかくなる。
・椅子は40脚くらい確保する。じゅうたんや畳など、靴を脱げる場があると低学年の子どもが座れる。授業で全員が使えるようにすることも大切である。
◉ 不要な物は除去
・本を入れていた段ボール箱、以前図書委員がつくった物、不明なファイル、出なくなった油性ペンなどは除去する。
・壁の掲示物は、画用紙の場合、寿命は1年である。紙で丁寧につくった物でも2年である。
・以前の教科書、文集、県や市町村から出される冊子などは、必要性を考え不必要であれば除去する。
◉ 本の廃棄と修理
・廃棄については、学校図書館協議会が示している基準を参考にするとよい。
・廃棄する本は、台帳上で消去しなければならない。登録番号を確認して台帳に廃棄した日付を書いておく。目録カードの整っている学校であれば、カードを抜いておく。
・廃棄した本の処分の仕方は管理職の先生と相談する。
・本の修理の仕方：背がこわれている本は補強して製本テープを貼る。製本テープは白や淡い色にすると目立たない。文字はテプラで打って貼るのがきれいに仕上がる。

● 本の並べ直し
・本は、十進分類法で並べるのが賢明である。
　0類―総記、1類―哲学・宗教、2類―歴史・伝記・地理、3類―社会科学・風俗・軍事、4類―自然科学・医学、5類―技術・工業・家庭、6類―産業・交通・通信、7類―芸術・体育、8類―言語、9類―文学

● 本の管理
・子どもも教師も守らなければならないルールを徹底する。
・年度当初に職員会議で必ず話し理解を得る。
　手続きをして借りるルールの徹底のためにも蔵書管理は必要である。その蔵書管理を次の手順で点検する。
　① 貸し出しを止めて全員の本を返してもらう期間を決める。2週間ぐらいが適当である。
　② 学級や特別教室にある本を全部返してもらう。
　③ 家庭にも返し忘れている本があったら返すよう呼びかける。
　④ 図書台帳をもってきて、その本があるかどうか調べていく。1人では困難なので教師、図書委員に協力してもらう。
　⑤ 紛失している本の一覧を作る。一覧表は、教師に配る、廊下に掲示し、図書室内にも掲示する。
　以上のような手順をふんでいけば、蔵書の管理は、図書台帳と本を照合して管理していく方法で十分である。

● 必要な掲示物
　図書室が、有効に機能していくために必要な掲示物は次のようなものである。
・図書室配当表（年度初めに各クラス、週に1時間ずつ、図書室の割り当がある）
・図書当番表・本の配置図・十進分類法の表
・本の借り方・返し方
・貸出し日・返却日、カレンダー

● くつろげる雰囲気づくり
・グリーン（観葉植物）を置く。緑が目に入るとほっとする。オリヅルランや

ポトス、広い図書室では、ドラセナ（幸福の木）等鉢の大きいグリーンも落ち着いた雰囲気になる。
・布のあたたかさをどこかに。図書室のカウンターや小さなテーブル、低い棚などに布のランチョマンマットやあまり布等を置くと雰囲気がやわらかくなる。
・図書室を活気づかせる小物・小道具―点字を打った紙、民芸品、ぬいぐるみ、木の実、季節行事にちなんだ飾り、おりがみ、工作の作品、写真、音楽情報、寄贈の雑誌、各団体で出すパンフレット、新聞の切り抜き

（２）学習に生かす図書室（授業との連携）
・子どもたちがわからないことを図書室で各自で調べる。
・教師がどんな本を必要としているのか司書教諭（学校司書）に伝えておき、あらかじめ探しておいてもらう。
・クラス全員が本を使って調べるために、単元の目当てや個人・グループのテーマなどを司書教諭（学校司書）に伝えておき、公共の図書館や近隣の学校から本を集めてもらう。

（３）本を読む子を育てる図書室
読書の時間は図書室で
・始まりは全員一緒に行かせる―上履きをそろえるしつけも大切である。
・本の紹介、読み聞かせ、お話、ブックトーク。
・本の返却、各自で読書―テーマを決めて本を読ませる。
・大切な読書の時間―どの子もその子に合ったペースで読ませ力をつける。
◉ 子どもと本の出会いづくり
・読み聞かせ―本を読んで聞かせる。子どもたちの顔を時々見ながら読む。
・ストーリーテリング―話を覚えて、何も見ないで子どもたちに語って聞かせる。
・ブックトーク―何冊かの本を共通のテーマに沿って紹介する。

（４）図書室をつくる協力者
◉ 図書委員会を生かす

本の貸出し・返却、本の点検・整理、図書の紹介ポスター作り、図書クイズ、校内放送で本を読んで紹介、新着図書の展示、昼休みのお話会、読書集会の実施、図書だよりの発行。

● ボランティアの協力

保護者から募る。または、すでにあるグループや人材から募る。本の整理と修理、寄贈本の受け入れ、ぬくもりのある環境作り、見やすい掲示物、読み聞かせ、本の貸出しの手伝い等。

(5) 一人一人を大切にする図書室

図書室を「第2の保健室」という言い方がある。心のよりどころとして、心の安らぎの場として図書室に来る子がいる。特に司書教諭（学校司書）のいる学校では、子どもたちと触れ合い、子どもたちが「居心地のよい、そして安らぎを感じる場所」となるよう常に心がけてほしい。

図書室をいろいろな角度から考え整備していくことにより、少しでも読書好きの子どもが増え、また、少しでも図書室が、子どもにとっての心の「安らぎ」の場となるよう願ってやまない。

1) E・シュプランガー、村田昇・片山光宏共訳『教育学的展望』東信堂　1987年　75頁。
2) 同上　74頁。
3) 同上　74頁。
4) 同上　75頁。
5) 同上　22頁。
6) 同上　22頁。
7) 同上　21頁。
8) デューイ、宮原誠一訳『学校と社会』岩波書店　1957年　47頁。
9) 同上　66頁。
10) 同上　87頁。
11) 東井義雄『若い教師への手紙2　子どもを見る目　活かす目』明治図書　1986年　152頁。
12) 斎藤喜博『授業子どもを変革するもの』国土社　1963年　200頁。
13) 同上　201頁。
14) フレーベル、荒井武訳『人間の教育』岩波書店　1964年　170頁。
15) 同上　171頁。

16) 佐藤学編『教室という場所』国土社　1995年　220頁。
17) 斎藤　前掲書　19頁。
18) シュプランガー　前掲書　75頁。
19) 斎藤　前掲書　97頁。
20) 同上　96頁。
21) ペスタロッチ、長田新訳『シュタンツ便り』岩波文庫　1993年　54頁。
22) 渡辺暢恵『学校図書館づくり』黎明書房　2002年　120頁。

(注) 教室環境については、戸田正敏『教室環境・学校事務の腕をあげる技術』(明治図書　1991年) を参考にした。

第7章
子どもの生活と環境

1 生活環境とは

　すでに存在する環境の中に生まれる子どもは、他の人々や動植物や事物など「外部環境」との代謝を通じて、次第に確信に満ちた人間的成長の可能性を高めていく。この外部環境の中でも、子どもの心理や行動様式、そして生存そのものに直接の影響を及ぼす環境は、「生活」と呼ばれる営みにある。子どもは、生活という営みのなかで人間として成長を始める。ゆえに、子どもの生活が「環境」としてどのように成り立っているかは、子どもの人間的成長の見通しを決定づけてしまうほど重要である。

　しかし、現在の子どもたちの生活が望ましい環境の中で営まれているとはいいがたい。そもそも欧米のような倫理的教学的な思想体系がないわが国が、地域の共同体の論理を崩壊させれば、やがて子どもの成長に不安が生じ、そこから発達心理や教育心理という特殊な学術に依存する傾向が現れることも当然である。問題は、その心理学などの学的価値が子どもの教育的な諸々の価値として直結してしまうところにある。心理学は科学であり、技術の体系ではありえても、「教育」ではない。

　昨今の犯罪の低年齢化や、若い親による子殺し、あるいは親殺し、学生の生き埋め事件、幼児や児童に対する殺人などは、いずれも「教育の結果」であり、教育の破綻を例示する現実である。これらの人々は、どこでどのように教育が途切れ、どこから教育が作用しなくなったのであろうか。この問題を単に異常者による特殊な出来事であるとか、個人の倫理などと矮小化することはできな

い。豊かで平和な時代の社会での出来事だけに、その根拠はみえにくい。
　しかし、少なくとも次のようにはいえそうである。つまり、生活のなかで教育に「接している」子ども時代はあっても、教育に「包まれている」子どもたちが減少していることである。現在は誰もが教育に接触することのできる時代ではあるが、反面、教育に包容されることがきわめて少ない時代なのである。科学や技術の体系は子どもとの間に教育条件としての接点を形づくることはできるが、子どもを愛し、子どもが親を敬う関係を創造することはできない。なぜなら、「教育」は科学ではないし、技術の法則と論理よりも、むしろ子どもとの間の情緒や感情を基調とする営みだからである。目の前にいる子どもの喜びとは何か、この子どもの哀しみとは何かという問いに、心理学をもち出す親もいなければ教師もいないであろう。子どもの前では多くの場合、親や教師はまったく赤裸にされてしまうのは、子どもが裸体であるがゆえである。つまり、子どもの実存と親や教師の実存との接触空間が教育の場を形づくっている。
　子どもの環境依存度の高さを考える時、子どもの「実存」と、そこにある「教育力」の根源的な問いを最も深く表しているのが「生活環境」といわれる場である。子どもの人間的成長は「教育に包容される生活環境」で始められなければならない。

2　子どもと生活

　「幼児の生活は遊びである」という言説がある。子どもの日常の過ごし方はその大半が遊びに費やされる。が、すべてがそうであるのではない。黙って歩いている時もあれば、沈黙している時もある。泣いている時もあれば、真剣に大人の手伝いをすることもある。「かたづけ」という仕事を楽しげに行う時もある。遊びだけが生活であるはずはない。
　この「生活」という言葉が何を意味しているのかを考えてみると、単に日々の過ごし方、あるいは暮らしのなかでの子どもの姿というような情景的な意味であるように思われる。それにもかかわらず、「幼児の生活は遊びである」と

述べられると、ある種の真理を語っているような印象をもつ。つまり、子どもの一挙一動のすべてが遊びである、という意味に拡大してしまうのである。学術的表現ではないことは承知していても、言葉のもつ、語られた以上のことを物語る力によるものであろう。

そもそも「幼児の生活……」と述べる時に、何ゆえに「幼児」と「生活」とが結びつくのかに、本来は疑問を感じて然るべきである。

「生活」とは衣・食・住をめぐる生存のための営みであるとともに、その営みの安定の上に重ねられる喜怒哀楽を含む重層的な構造をもった時間の流れである。子どもはその営みに常に直接に組み込まれているわけではない。その一部であるにしても、営みの主体者として常に中心的な位置を占めてはいない。

しかし子どもは、ただ受け身として生活内に存在するのではなく、自分なりの疑問や問い方で確認しながら生活していることを見逃してはならない。

「どのようにあるのか」を問う子ども

ここに述べたいのは、子どもは「本質的な問い方」をするのか、それとも「事実的な問い方」をするのかである。

そこにある事物に対して、その「本質」を問うのは事物に対する姿勢のひとつである。たとえばリンゴを見た時、リンゴが果実であり、甘い香りがする食物であり、栄養価の高いものであるという見方をするような場合、それはリンゴの「本質」を問う姿勢を示している。一方で、リンゴは丸っこい、かたそうで赤っぽいものだというように、その「様態」における存在を問う場合がある。これは「事実性」を問う姿勢である。このように「本質存在」に関わる仕方と、「事実存在」に関わる仕方の2通りの事物への関わり方は、それぞれ、「何であるか」という本質存在を問う場合と、「どのようにあるか」という事実存在を問う場合の2つのあり方に分かれる[1]。

子どもは、「どのようにあるか」すなわち「事実性」を問うことで環境に適応するのであって、「何であるか」というように本質を問うためには成長を待たなければならない。

この「何であるか」の「何」は、「これなぁに？」というように単に名詞的な記号である場合は、リンゴの様態についての識別に基づいているために事実存在の範囲であるが、そのリンゴが「何であるか」と問う時には、「本質」を問うことになる。子どもにとって、事物は常に「どのようにあるのか」という意味において現れており、この様態への関心の強さは、五官による直接性が推論や認識へ転化するまで量的に増大するのであり、極点に達して後に「本質存在」へと向かう。

　同様に、大人との生活、その衣・食・住を中心とした営みも、「どのようにあるのか」という問いによって子どもの眼に映っているのである。生活の営みに巻き込まれながら、常に「どのようにあるのか」を子どもは問い続ける。子どもは母親に好かれたいと思い続けるが、それは母親が「どのようにあるのか」を見ているからである。もし母親に「何であるか」という問いにおいて関わるなら、子どもは母親に好かれようとはしない。

　生活とその秩序は現実であり、そのあり方は「事実存在」に関わっており、常に「どのようにあるのか」という問いにおいて現れる。このことが、子どもの事実存在への関わり方と一致するために、家庭は子どもの成長に大きな影響を与えるのである。

　幼稚園や学校も同様である。教師が「どのようにあるか」、幼稚園生活の日々の時の過ごし方がどのようであるか、そのことが子どもたちにとっては世界の現れであり、すべてなのである。しかし教育は、教育であるがゆえに、事実存在の背後に「本質存在」をみる。この「本質」を参照することによって、単なる子育てとは異なった、「教育」としての子育てを設定するのである。

　ただし、幼稚園生活におけるその設定が「遊び」だけで組み立てられるとすると、子どもは「どのようにあるか」という問いの解答を〈遊びのようにある〉と了解し、さらに遊びのようにあること以外、「どのようにあるか」の解答を求めなくなる。こうして幼稚園における生活が、〈遊びのようにある〉という刷り込みを受けたまま小学校へ入学すれば、小学校教師は〈遊びとしてある〉児童の現実に対応した学校生活の構築を余儀なくされる。

現在の子どもたちのおかれている教育事情には、「どのようにあるか」という子どもの問いが〈遊びとしてある〉家庭像に結びつき、子どもに現れる問いが、やがて衰滅することさえある。こうした視点からの問題提起は理由あってのことである。それは「どのようにあるか」という問いが、すでに存在する生活の秩序・様式に対する関心として子どもに現れるということであり、それゆえに、子どものために生活は「どのようにあるべきか」を自問する形で営まれることが子育てであり、生活であるからなのである。

　この営みは国柄を問わず、古代から人間の普遍的な生活のありのままの姿であり、また教育の本来の姿でもある。この単純な姿を見失ったところに現在の教育の混乱の原因がある。

生活と遊びの対(つい)構造

　子どもは遊びを通じて周辺の世界に参入するとともに、衣・食・住をめぐる生活にも組み入らなくてはならない。生活は子どもにとって、遊びにはない秩序と厚みのある生存領域である。遊びと生活とはまったく異質でありながら、生活を凝視しつつその近傍で遊びが好んで営まれるのは、遊びを照らし出すのは「生活」だからである。

　現在の子どもの教育現場は、遊びのもつ諸々の特性を過大評価するあまり、「生活」との有機的な関わりを見失い、いわば単に流行化した遊び論の混乱に子どもがおかれているのではあるまいか。そもそも「遊び」とは、まったく規定のない自由のなかから現れてきて、そのまま多様な能力に「分化」し、そのまま「教育価値」としての創造性や社会性へと発展するような営みではない。というのは、子どもは生活（秩序）のなかに産み落とされ、すでに「生活」という営みのなかで遊び始めているからである。

　たとえば砂場では、言葉による相互の伝達、砂を扱う能力の自らの確認、試みによる実験やその結果の伝達、相互の身体言語による了解、意図のくい違いの修正など、多様な事象がきわめて短時間のうちに現れるとともに、集団象徴が現れる。遊ぶことの「現在」を成り立たせている、そうした作業の基本的な

知識はどこで獲得したのであろうか。砂場で獲得したのであろうか。すべて砂場で発見があり、驚きがあり、興味を覚え、動機づけられたのであろうか。もし、そうだとすれば、子どもとはそれほどに遊びを原始的な心象において遊ぶ存在、ということになる。

　遊びは他の生活と無関係に遊ばれるのではない。実は、子どもは「砂遊びにする」ことで、何かをそのように「遊び化」しているのである。すなわち子どもは、遊び外部の生活（秩序）における自らの断片的な諸々の学習を、遊ぶことのなかに「再編成」し、遊び化することによって、その遊びを展開しているのである。

　子どもが諸々の「生活」の局面で獲得した知識や技術を使って遊ぶことを考えると、砂場での子どもたちの遊びを形成している大部分の技術は、「生活」のなかでそれぞれの局面に対応しつつ獲得されてきたものであり、その技術や知識の諸断片が、遊びを「動因」として再結合し、砂山に「結果」として現れるのが砂遊びなのである。ゆえに、遊びが終われば「結合」は解体し、（「遊び」といわれる活動での促進効果で）より水準の高い諸断片の技術や知識として、あるいは一般的能力として、抽象化された形で身体化し、吸収される。したがって遊びそのものから「学習」されることは、この場合（集団象徴・イメージの共有による「協調性」など、社会化への「芽生えとしての促し」があることはいうまでもないが）、「砂」という物質性との関係から砂に対する技術や知識として特殊化し具体化した、きわめてわずかな部分なのである。

　とはいうものの、「砂遊び」はそのわずかな技術的特殊性に結晶させた、という点できわめて重大な現象を子どもに与えている。それは、「生活」で学習した断片的な技術や知識を総合して具体化したという、「主体的創造」の一点にある。[4]

　このように、遊びの諸々の知識や技術の大半は、「生活」を通じて学習した断片の集合体である。重力との関係を含めて、「砂」という流体と「身体」[5]との対応技術は、さまざまな身体図式の重複とその立体化によって「生活」のなかで試みられ、「生活」の諸経験によって学習され、抽象的諸能力として準備

されていたのである。それは生活や暮らしの律動と秩序が子どもを媒介して「遊び」を分泌するからであり、子どもは遊びを生活の律動と秩序から受容し、また供給される限りで遊ぶからである。「ままごと」などはその典型的な例である。

遊びは子どもの能力の実現の一方の極ではあるが、同時に生活もまた子どもの能力の実現の一方の極にあり、この「生活」と「遊び」とは、双極性という意味で一対の構造を保ちながら、この一対の構造のなかに子どもは存在するのである。

すなわち、「遊び」の評価とは、「生活」との絶えざる関係性のなかにその拠点を見出せるのであって、遊びのなかに諸能力を放出させるだけのことではないことに留意する必要がある[6]。

生活力を育てる

幼い子どもは、遊びと生活との明確な「境界」をもたない。子どもの行動は遊びであるとともに生活でもあるために、幼い子どもの生活は遊びであるかのようにみえる。ここに概念上の誤りが現れる。遊びにも生活にもみえる行動を「遊びである」と判定し、逆にその断定を折り返して、子どもの行動はすべて「遊びである」と規定する誤りである。現実には、遊びが分化して「現れつつある状態」を見失うわけである。一方で、子どもには遊びがすべてではないという意識が現れつつあるのに、遊びがすべてである、と外部からそれを押しつけられる。

本来は、〈こども行動〉というべき、遊びでも生活でもない特有の行動様態があるのだが、これに対する概念がないために、一挙に遊びとして規定することによって「余剰」が出てしまい、その始末に困惑するのである[7]。重要なのは、その余剰が教育され、学習されなければならない部分であり、暗黙のうちに「生活」がそれに関与し、無自覚のまま教育の代行を担っているという現状がある。

幼い子どもが「育つ」という時、遊びとともに、遊びではない過ごし方が重要な教育的作用をすることを忘れてはならない。子どもをみる際には、単に遊びという1つの現れだけに限定して観察するのではなく、人間の現れ方の多様

性において「子ども」の現れ方を考えてみなければならない。というのは、「幼児の生活は遊びである」と断定する前に、子どもの遊びは何ら土台のないところからいきなり立ち上がってくる営みではないことを改めて考える必要があるからである。そしてここに、衣・食・住をめぐる日々の生活領域で、子どもが「どのようにあるか」という問い方のもとに経験することの重要性がある。「生活」は、子どものさらなる能力が実現するための、いわば土台である。

さて、牛島義友が『社会的生活能力検査』(1949年)のなかで、「生活力」という言葉を使っている。牛島は「幼児・児童の生活力」の観察視点を、「日常生活に於いて、夫々の行動が実行されているか否か」として、「異常な例でなく、日常生活に於てその能力が発揮されているか否かを見ることとした」と述べている。続けて、生活力を「只に体力や運動能力の問題ではなく、この手伝いを自分の家庭の中の仕事と考えて実行するようになったか否かの自覚や習慣の問題である」と捉えている。言い換えれば、「生活力」とは、子どもが行動を実行する能力が日常生活で発揮されているかどうかを問う概念である。

参考までに、子どもの「偶然的能力ではなく平素の日常生活に於て示されている能力から判定する」ために実施された検査問題を**表7-1**に掲げておく。

表7-1 社会生活能力検査問題

年齢	番号	問題	年齢	番号	問題
1	1	お匙の使用が出来る	3	13	靴が一人ではける
	2	自分でお茶碗から飲める		14	排尿の自立
	3	排尿の予告をする		15	顔を洗う
	4	キャラメルの包紙を開く		16	新聞などを取ってくる
	5	庭を歩く		17	鼻をかむ
2	6	お匙とお茶碗を両手に使用できる		18	小さな怪我では泣かない
	7	襁褓を使わなくなる	4	19	排便の自立
	8	上衣が脱げる		20	自分で着物をきる
	9	お箸の使用が出来る		21	魚の名前三つ以上
	10	完全に一人で食事が出来る		22	長上の人に挨拶する
	11	手を洗う		23	鋏で形を切り抜く
3	12	上衣のボタンがかけられる		24	紐が結べる

第 7 章 子どもの生活と環境

5	25	歯を磨く	7	46	自分で包帯をする
	26	踏切を一人で渡れる		47	時々雨戸の開閉をしたり、自分の部屋の掃除をする
	27	双六やカルタが出来る			
	28	時々自分の寝具を片づける或いは庭掃除する	8	48	交差点を信号通りに渡れる
				49	木の名七つ以上
	29	四粁歩ける		50	竹細工ができる
	30	厚紙が切れる		51	八粁歩ける
	31	小怪我に自分で薬をつける		52	キャッチボールしたり（男）布で布団が作れる（女）
6	32	鉛筆が削れる			
	33	行きなれた所なら一粁位の所へ一人で行ける		53	父親のことを「オトウチャマ、オトウチャン、トウチャン」などと言わなくなる
	34	時々炊事の片付けをする			
	35	野菜の名六つ以上		54	農事の手伝いをする
	36	草取りをする	9	55	野菜の名九つ以上
	37	自分で爪を切る		56	二寸釘が打ち込める
	38	お客に行ったら行儀よく振る舞う		57	一人で乗物を利用する
	39	順番を守って乗り物に乗ったり右側通行を守る		58	将棋トランプ等をする
				59	敬語が適当に使える
7	40	小鳥の名四つ以上	10	60	毎日自分の寝具を片づける
	41	マッチに点火出来る		61	野球が出来る（男）童話を読むのがへる（女）
	42	友だちを呼ぶのに何々チャンと呼ばなくなる			
				62	魚の名十以上
	43	鋭利な小刀を持たせても安全		63	手紙のやりとりをする
	44	ガスに点火できる。或いは炭火をおこしたり薪を燃やせる		64	少し離れた隣町まで一人で行く
				65	毎日定まった家業の手伝いをする
	45	鋸が使える（男）お手玉遊びが出来る（女）			

出所：牛島義友「社会生活能力検査」教育心理学研究第1集、巖松堂、1949年、98-102頁。

　いうまでもないが、「生活力」は、基本的な生活習慣や家族の一員としての手伝い、単独で行う仕事にいたるまで、子ども自身が行動を起こし、その諸能力を「発揮する」ことによってその可能性が開かれる。遊びは子どもが同化できる範囲で自発的に行動を起こし、特に現代では遊ぶことを大人によって期待されるのに対して、「生活力」は調整することや自主性などの能力とともに、「しなければならない」事柄に対しての志向性が必要である。遊びは子どもの「や

る気」が誰にでも容易にわかるのに対して、生活のなかの営みには子どものやる気を見出せない場合も少なくないであろう。しかし「生活力」は、子どもにやる気が出てくるまでただ控え、待つという大人の姿勢のもとでは、子どもはその能力を発揮するチャンスを見逃すことになり、結果、これからの活動に挑む際の意欲や自信など、その後の成長を衰弱させる要因となる。

　もとより子どもは、「遊びの効果」が教育的に価値づけられるはるか以前に、「遊び」と呼ばれる心理行動を起こさざるをえないのであって、[10]この初期の遊び行動が現れるようになると同時に、子どもは「遊びではない」経験を重ねるようになってくる。遊びが現れるということは、正比例して「遊びではないこと」が現れることでもある[11]。だが、この「遊びではない」ことが日常生活のなかに融合しているために、未分化な子どもは「遊びではない」ことの意味が拡散しており、組織化できない。つまり、遊びを獲得することにより、一方で「遊びではない」ことを無規定のまま拡大生産しているのである。この「遊びではないこと」・無規定性は放置されてはならない事柄であり、これを規定し、意味化（価値化）する営みが教育である。

　すなわち、子どもは模倣を通じて生活領域におけるさまざまの知識や技術を学習し始めるようになるが、いまだ「依存性」が高く、生活秩序に組み込まれるという意味で「主体性」は希薄なままである。「遊び」は、この希薄な主体性を回復しようとする胎動（quickening）に基づいて欲求される。生活における学習体験を解体し、生活相から離脱し、断片化したうえで、その断片を遊びのなかに改めて主体的に構築するのである。遊びが生活相の模倣であったり、その象徴的表現であったり、身体的構築であったり、さまざまの特徴的な違いを示すのはこうした理由による。

　これらの考察から、子どもの「生活力」の育成は、遊びの豊かな展開に欠かすことができない要因となることがわかる。同時に注意したいことは、生活そのものが大人の意図によって遊び化されるなど、生活が「遊びの外部」として明確な境界をもたずに遊びに類似した現れ方で示される場合は、子どもは遊びを創造的諸能力へ具体化することができなくなることである。いかにも遊びが

自発性に基づいて自己教育をするかのようにみえるのは、「遊びが外部をもつ」こと、言い換えるなら、遊びが「遊びではない」営みをその外部にもち、その外部に保証され、そうした生活の営みから遊びに働きかける絶え間ない刺激を与えられるからである。[12]

　子どもに「生活力」が育つことは、子どもが豊かな遊びの土台を獲得することに連なっていく。教育は、そのように子どもが「遊ぶこと」によって世界を身体的に構造化する、その基底のうえに生活技術を第一義とする諸能力を外部から育成しようとする意図的、組織的な働きかけである。

3　教育の契機としての生活環境

　教育は、子どもの内部から諸々の能力を外へ引き出す営みと定義される。この定義には、子どもに内部があり、そのなかに諸能力が可能態として存在するという前提が暗黙のうちに了解されている。もしそうであるなら、その諸々の可能性はどのようにして外化し、能力として結実するのかが問われなければならない。

　いうまでもなく、その外化は教育によって実現される。では、教育はどのようにして内部の可能性を諸能力として外化させるのか。

個体と環境

　生物は、個体としては環境を選択して出生することはできないが、「種」として、あるいは「類」としては進化と適応を通じて環境を選択し、相互関係を形成して生存している。この水準では、生物は個体としては意味をもたない。自然は個体に対してはまったく関心を示さないばかりか、個体も自然の冷酷さには対応できないのである。

　人間にとって環境とは、相互作用を保ちながら、常に緊張を強いる外界であり、環境は外界として人間から遠ざかるようにして、外部に外部を加えていくような仕方で現れるものである。人間はそのような自然の環境に対して、人工

環境を発達させ、自然の冷酷さから防衛する方法を発達させてきた。それがすなわち文明であり、その内容としての社会性である。その限りでは、人間は環境を創り出してきたのであるから、環境を選択してきたのだが、この場合、一人一人の個体にとってはまったく選択の自由はなく、その時代、その社会、その家族、その母親を選ぶことはできないのである。

　生物は人間を含めて、個体としては与えられた環境を無条件に受け入れ、その環境に適応し、あるいはよりよい環境に移動することを通じて、環境との相互関係を形成しなければならないが、この相互関係の形成動因は、環境に対する「依存性」である。生物はこの「依存性」において環境と結びつき、環境と代謝関係に入る。「依存性」がなければ、人間のみならず、生物は生存することができない。

子どもの「依存性」と人的な「人間環境」

　依存性は「甘え」として常識的に理解され、あまり省（かえり）みられることのない負性を帯びた概念である。依存性はそのような負性、すなわち自立に対立する反対概念であろうか[13]。

　子どもは環境を選んで出生することはできない。出生すると同時に、すでにある環境に包まれ、まったく選択する自由はない。このことは、出生すると同時にその環境に適応しなければ生存できない生物学的な原則である。言い換えれば、与えられた環境にすがりつき、吸着して生存しようとする生物としての本質的なあり方なのである。このあり方は環境への「依存性」であり、いかなる生命もこの依存性において生存し、この依存性において人間の子どもも成長し、発達する。この意味で、子どもの「依存性」は生物学的概念であり、教育学的概念ではない。

　子どもの依存性は授乳から始まり、次第に外部としての母体から、外的・物的環境との呼応関係を形成し、その関係を通じて、子ども自身が関係の中心的位置に配置する。やがて子どもはその中心的位置から脱し、呼応関係を組み合わせることで認識するようになるが、そうした発達の「動因」は、子どものも

つ生物学的な「依存性」にあるのはいうまでもない。つまり、子どもは与えられた環境を無条件に引き受けつつ、これに対応しながら環境を再編し・人間化して、個的環境として対象化しているのである。この対象化された環境は、子どもが生まれ落ちた時の原環境とは明らかに異なった「二次的環境」[14]である。この二次的環境は子どもによって生産された環境であり、子ども自ら、原環境への適応と同化によって外化（イメージ対象化）した自分の成長と発達のための環境である。

　換言すれば、子どもの目に映じ、子どもが耳をそばだてる環境は、選択のまったく不可能な原環境とは厳密な意味では同一性を欠いており、差異がある。この差異による原環境との非同一性がなければ、環境と密着し、本能に基づいて生存する動物に過ぎないといえる。人間の子どもは、本能ではなく、知・情・意によって原環境から離脱し、二次的環境を生産し、それに基づいて生存するのであり、その意味で子どもは自由であるべきなのであり、自由でなければ二次的環境を創ることはできない。

　一方、親や教師は教育的価値に基づいて子どもの二次的環境に働きかけ、子どもが創り出した二次的環境を社会的な環境に集約的に成長、発達させなければならない。しかし子どもは、「依存性」に基づく二次的環境に同化しなければならないために、親や教師が子どもに求める社会化した知・情・意と子どもが生産した二次的環境としての知・情・意とは、原理的に一致することはありえない。もし一致する場合があるにしても、双方が交錯した点に過ぎず、全面的な一致がありうるなら、教育自体の動因が消滅し、教育と子どもとの関係の展開が停止することを意味する。

　教育における人的な「人間環境」は、以上のように「子ども」と「教育」が子どものもつ依存性によって関係づけられながら、非同一的な差異として現れることのなかにその実質があり、仮にもこの差異が解消することがあると、子どもは依存性から「依頼心」に転化し、自立的な成長を停止してしまう。依存性と依頼心とはまったく別の事柄である。また、この差異が、「依存性」そのものを切断するほど食い違っている場合は、子どもは親や教師との関係を取り

結ぶことが不可能になり、その結果、教育は成立しない。

　ここにいう差異とは、「ずれ」であり、根本的な大人と子どもの「非同一性」であり、「食い違い」である。双方の「食い違い」は子どもの依存性によって接合し、関係を保つのであるが、大人と子どもの関係が力強く展開するためには、差異を解消して同化しようとする子どもの「依存性」が常に更新されなくてはならない。つまり、大人と子どもの関係を保つ「依存性」が消滅しないためには、新たな差異・「食い違い」が双方の間に現れてこなければならないのである。いわゆる「興味」や「自発性」などの概念の実質は、その時の依存性が解消しつつあるなかに新たに現れる差異であり、「差異化」として現れる教育的な営みなのである。

　さて、子どもが「依存性」をもつことで外部の人間環境との食い違いを解消しようとするのに対して、常に教育・環境は差異（ずれ）として現れなければならないが、（「自立」と称して）依存性を切断したり、依存性の及ばないほどの差異として子どもに対する場合は、教育・環境が成立しない。

　要するに、「子ども」と「教育環境」という質的に異なった双方が、子どもの依存性を動因として統一されながら自律的に発展していくために、常に「ずれ」や「食い違い」という矛盾が現れてくるともいえよう。

　幼稚園や学校の場合、人的な「人間環境」の実質は教師の技術、あるいは技法である。しかしその技術の本質は、「依存性」に基づいた子どもの環境生産という営み（二次的環境）を、「ずれ」や「食い違い」として差異化することのなかにある。この差異（ずれ）が、依存性の解消とともに、新たな差異（ずれ）として子どもに提示されることが教育としての環境であり、技術なのである。

　教育的な働きかけと子どもの二次的環境化との双方の非同一性が、子どもの依存性によって統一されていることが「教育」における「環境」であり、環境が一方的に設定され、子どもに押しつける環境である限り、それは教育環境になりえない。

　少なくとも「教育環境」とは、それが子どもたちによって常に「ずれ」として現れながら、それが同化し解消されるとともに、新たな「ずれ」として生ま

れ変わらなければ「教育における環境」とはいえないのである。なぜなら、子どもの「依存性」とは、子どもが外部の環境に働きかける「動因」であることから、依存性が常に十分に満たし尽くされる人為的人間環境のもとでは、依存性に基づいて外部環境との「ずれ」を埋め、その「ずれ」を解消しようとする子どもの側からの行動、すなわち意欲・生活力の出現が閉ざされてしまうからである。子どものもつ依存性を、大人の側から常に解消してやろうとする（人為的人間環境における）努力は、子どもの側から外部環境に積極的に働きかけていこうとする欲求を消耗させることがある。その結果において出現するのは、外部環境との「ずれ」を埋め、解消しようとする積極性ではなく、人為的環境に身をゆだねて生活を送る依頼心である。子どもが意欲を起こしにくい人為的な人間環境を改善することは、教育の契機として、「教育に包まれる生活環境」を創造することなのである。

1）フォアゾクラティカー（ソクラテス以前）は、たとえばピュタゴラス、ヘラクレイトス、デモクリトスなど自然哲学者たちのフュシス（physis：自然）は、「生える」「生成する」という動詞（phyesthai）から派生した。このフュシスはローマに伝えられ、ラテン語に翻訳されたとき、ナスコル（nascor：生成、生える）から派生したナトゥラ（natura）と訳された。すなわち「nature」の語源である。
　したがって西欧でも、「自然」は本来、「自ら然らしむること」として理解されており、それが本来の姿である。
　しかしプラトン以後、イデアとエイドスという概念によって事態は奇妙な複雑化を呈することとなった。元来イデア（idea）は「idein」（見る）という動詞であるが、「見られるもの」すなわち、形姿という意味がある。さらにイデインはエイドスという派生語を生み、これは図形であり、形である。ところがプラトンは、イデアを魂に映る形その純粋性として考え、物の形・原形として定義し、その具体的現れをエイドス（形相）と考え、イデアとエイドスとのセットによって理想的世界が形成されていると考えた。
　しかし現実世界は、形相が質料（hylē）によって具象的に与えられるために、不純なのである。この不純性は質料によるものであるから、本来は形相としての姿こそが現実の背後にある。これが、「何であるか」の「何」に相当する本質であり、事物はこの本質の具象的現れ、すなわち質料による現れである。
　このようにフォアゾクラティカー（ソクラテス以前）における「自然」、すなわち「どのように在るか」という生成観は、プラトンによって「何であるか」という本質存在に転換した。この「本質存在」として事物を観る姿勢は、ローマ時代のキリスト教の国教

化とともに、キリスト教神学ストア学派の学的支柱となり、その後の西欧的思考の軌道を設定した。

　ニーチェは古典文献学者であったために、そのあたりの事情に深く通じており、第1にプラトン主義に西欧の欺瞞性があることを見抜き、ことあるごとにその断章の中でプラトンを攻撃している。というのもニーチェは、本質存在ではなく、「生成」において哲学を再建することを夢想したが、しかしそれは、プラトン以前のフュシス（physis）観・自然観に回帰することであった。

　フッサールは「事実存在」を中心に問題を設定し、「何であるか」ではなく、「どのように在るか」を問うことから現象学をたてたが、その流れがハイデガー、メルロポンティ等に受け継がれ、2000年に及ぶ西欧形而上学の「現前性」への問い直しが行われた。

　そうした流れのなかに子ども観をおいてみると、子どもに関わることが、その背後に「本質存在」か「事実存在」かをめぐる思想的流れが無自覚に現れており、改めて問い返してみることが必要であると思われる。

　ところで、日本は「何であるか」という本質存在よりも、「どのように在るか」という事実存在の方が伝統的に文化的支柱となっており、親しみやすい。仏教哲学も、「存在」に関しては西欧とは異なった生成的自然観に立脚している。その代表例として「無常」や、文学における「もののあわれ」がある。

（木田元『ハイデガー』岩波書店　1983年、立松弘孝編著『フッサール』平凡社　1976年、藤沢令夫編著『プラトン』平凡社　1977年）

2）大きな木が幼児の眼中に入った。幼児はこの大木に手で触れ、その幹を両手で抱きしめ、木に登ろうとし、その大木の下を走り抜けた。このように幼児が大きな木と「共に生きたとき」、そうしたときの遭遇の仕方の重複が五官を増大させるのである。幼児は大きな木が「どのようにあるのか」を問いつつ、大木に関わっている。

3）学校や幼稚園に行く時には自分も母親も普段とは違った服を着て、自転車に乗って出かける。食事の時は、手を洗い、「いただきます」をして、好き嫌いをしないで食べることがよいことである。すると母親は喜んでいる。テレビは長時間視聴すると母親に注意される。寝る時は自分でパジャマを着ること、すると母親か父親が童話を読み聞かせてくれる。朝は台所で母親がお仕事をしている。時どき手伝いをするとほめられる。

　これらのように、「どのようにあるか」という子どもの問いは、常に「なぜ、そのようにするの」、「このようにするんだね」、「こんどは、このようにするんだったの」、「こうしてくれるんだね」といった確認と錯誤のなかでの「意味の抽出」をめぐって現れている。大人の生活秩序における意味と、そのなかで自分に現れてくる意味とのズレを解消しながら「どのようにあるか」を問い、常に意味を希求するから〈子ども〉なのである。

4）この「主体的創造性」を誰しもが認めるところから、「遊びの中に教育活動がある」といった倒立現象が生じるのである。教育活動のなかに遊びがあるのであって、教育活動に遊びが特定の役割を担っているといえよう。また、生活の局面で学習する技術や知識の断片を再編成（虚構化）することが遊びの「創造性」であり、遊びそのものが創造性を育てるのではない（メルロー・ポンティ、竹内芳郎他訳『知覚の現象学』みすず書房

1969 年、市川浩『ベルクソン』講談社、1991 年)。
5) 人間は出生後名づけられる以前に、胎内にあるときからすでに外界と交流し、代謝する身体として現れる。このことは、外部へ能動的に働きかける能力を獲得する以前に身体図式が発生し、それを受容体として感覚が作動していることを意味する。ここで「身体」というのは、すでに母胎を通じて外界との関わりをもち、人間化した状態を意味しているのであって、生体的、解剖学的な意味ではない。乳幼児期と児童期の間にある3歳から6歳頃までの幼児の遊びは、身体性に関わる基底的な構造化の時期であり、身体が意味を産出する根源として自覚される時期である。
6) 5歳になる年長男児が「バッタ」を見つけ、手にしてその動きを楽しんでいる。バッタを発見してその生態に興味を集中させるのは「方向性がしっかり定まっている」と、大人は判断することが多い。が、バッタを「虫」として認識し、それが人間とは異なった動きを示し、異なった食べ物や生活をしているらしいと感じるためには、すでに家庭や幼稚園など、教育による遊びの外部からの働きかけと、それに呼応して子どもの内部に形成された(つまり遊びの外側にある)知的構成体系によるのであって、遊びそのもののなかから純粋に発生したことではない。誰もが、子どもの遊びが幾多の外部との新陳代謝の関係のなかで「結果」として産み出している成果を、遊びそのものの直接効果と誤認してしまいがちである。この遊びならざる事柄、つまりバッタという昆虫の生態に興味を起こさせている「知的構成体系」は、バッタを手にしている5歳児に「結果」として現れ、「分化」として現れるために、あたかも遊びそのものが自律的に知的な構成体系を生産したようにみえるのである。このため、遊びは万能であるかのように誤認される傾向にある。
7) 未分化な状態として日常を過ごす幼児には、遊びながら遊びではないことをするとともに、遊びではないことをしながら遊んでいる場合もある。この未分化な行動を、私は「子ども行動」あるいは「幼児原行動」と呼んでいる。
8) 牛島義友『社会的生活能力検査』教育心理学研究第1集 巖松堂 1949 年 94 頁。
9) 同上 114 頁。
10) 子どもは生まれ出た世界に住み込む必要があるために遊ぶのであり、楽しいから遊ぶのでも、快感を求めて遊ぶのでもない。遊ばなければ世界が自分の中に、すなわち「身体」として固定しないのである。言い換えるなら、遊んでも遊んでも身体の中に世界が定位しないし、定位したと感じても、たちまち異なった位相に直面するのである。それは「生成」の渦中にあるからである。
11) ここでいう「遊びではないこと」とは、生活様式の学習に関すること、知的な推論や論証に関すること、仕事など作業に関することなど、「遊び」とは明確に区別される諸々の人間行為である。これらの人間行為は遊びのなかにある、と反論することもできるが、だからこそ「遊び」と画然と分離を促すように分化的な働きかけが必要なのである。
12) 遊びが排除する事柄というのは、いずれも合理的推論や論理的判断や倫理に基づいた判断ではないということ、すなわち直観に基づくただ遊びか否かなのである。たとえば「砂遊び」は、砂遊びではない事柄を排除することによって、砂遊びの純粋性を保持している。

言い換えれば、「遊び」はそれぞれ閉鎖性を保っているのである。「遊び」を読み取り、遊んでいる幼児に関わる際には、遊びの輪郭の外部はそれではない他の遊びと、遊びではない事象が無規定なまま放り出されていることを覚えておく必要がある。

13）高橋恵子「依存性の発達的研究」教育心理学研究第16巻第4号　1968年。

14）子どもは人為的な人間環境と相互関係を保ちつつ、その人間関係のなかに自らを組み入れ、自分を含む関係性を「環境」として対象化する。この「関係性」の対象化された「像」（image）は「子どもが生産した環境」であり、自分が産み落ちた人間環境（原環境）とは非同一的で、完全に一致することはないのである。

第8章
教育環境としての教師・保育者

1 子どもの育ちを支える教師・保育者

保育者個人としての自立

　保育の中心は子どもである。そしてその最大の目的は、子どもの自立を促すことである。しかしながら、その子どもの育ちを支えるのは保育者であることはいうまでもない。その保育者は教師として、また、共同的な仲間として存在するが、何よりもその子どもにとっての最大の理解者でなくてはならない。そのために、まず保育者は真の意味で一人の大人として自立した存在でなくてはならない。個人として、自分の価値観を確立した人間でなければ、子どもの育ちに関与することはむずかしい。それは、目の前の子どもに対して、どのように育ってほしいのか、その方向性をきちんと描けることである。それは、保育者の年齢にかかわらず、その年代にとって精一杯の生き方を模索している姿である。「まだ、若いからわからない」とか、「そのうちわかってくるだろう」という問題ではない。真剣に自分の生き方、生活の仕方を考えられる大人としての保育者が望まれる。

　そのような前提で、目の前の子どもの内面を理解しようとする姿勢が生まれる。そのうえで、子どもの理解の枠組みが明確になり、自分の見方がすべて正しいものではないという謙虚さをもった保育態度が形成される。子どもを理解する際に、あまり自分の見方に固執することでかえって子どもが見えなくなる場合がある。したがって、よくいわれることは、子どもに対する先入観をなくして、まず真っ白な気持ちで子どもの様子を観察し、大人である自分の心が動

いた事実に触れることが先決であるとされる。それは、「ありのまま」に受けとることでもある。そして、子どもの実態から、すなわち具体的な事実からその子どもが何を感じ、何を思い、何を楽しんでいるのか、子どもの内面を省察することである。たとえば、子どもが何も表現しない時、反応を示さない時、「困っているらしい」と思うだけではなく、どうして困っているのか、どうして反応を示さないのか、その子どもにとっての内面的な壁は何なのか、ということをじっくり見守り観察して保育者も感じることである。わからないことも多いが、そのような姿勢でゆっくりと、しかし確実に観察することで、「あ、そうなんだ」と思いあたることもあるし、また、徐々に子どもの行動が現れてくる時もある。それは、短期的な観察ではわからない場合もあるので、じっくり時間をかけて長期的にみること、そしてひとりで抱え込まないで、同僚との相談のなかで複眼的な視点をもってみることが必要となる。

　しかし、このような視点を確立するには、まず自分自身の保育に対する考え方、すなわち子どもの育ちを助け、学びを深める保育をめざすという目標が、必要となろう。

　そして、自分の見方を自覚することで、そこから今の子どもに必要な保育環境が初めて生じてくる。それは、大変具体的な内容となるが、まず、めざす子ども像があってこそ具体的な方向性も明確になるし、指導案等にも反映されていくのである。それについては後述する。

保育者はなぜ成長しなくてはならないか

　では、なぜ保育者は成長を続けなくてはいけない存在なのであろうか。これは、まさしく子ども自身が日々成長していることによる。今日の子どもはここまでのことしかできなかったが、明日あさって、1週間後、1ヵ月後、1年後は本当に成長し、変化して変わっていくのである。確かに、あんなに泣いてお母さんにしがみついていた3歳児がしっかりと幼稚園に慣れ、元気に登園するように変わっていく姿を見ると「成長したなぁ」と感慨深く感じられる。それは突然の変化ではない。そこにいたるまでの毎日の変化が、少しずつ積み重なっ

て大きな行動の変化となって現れたのだ。それは、目に止まりにくいものであるがゆえに省みられないこともある。しかし、このように成長ということ、発達するということで変化している子どもの姿にしたがって、大人の目も変化する必要がある。「日々成長する子どもたち」ということを念頭において考えた場合、保育者も変容せざるをえないのである。その場にとどまっていてはいけない存在である。したがって、変化し、成長する人的環境として存在する必要性が、ここにみられるのである。

　次に、保育者としての職業の特性がある。この職業は、新鮮度ということでは、非常に厳しい職業である。というのは、子どもの成長にとって「いい」先生というのは、元気で、明るく、前向きな心構えがあり、ほがらかでいつも機嫌がいい、情緒の安定した人間である。そばにいて、やわらかい雰囲気、あったかい空気が感じられる、そしてゆったりとあせらず楽しい先生、さらに、思慮深く、心の機微に丁寧な、そのような人物が理想とされる。現実には、自我の強さも必要であることから、なかなかそのような理想に近づけないこともあるが、いずれにしても生き生きと子どもと一緒にいることのできる保育者が望まれる。

　このような心身の状況を保つためには、実はかなりの努力が必要である。ふつう、人間は自分のことを中心に考え、自分自身が快適に過ごせるほうを選択してしまう。しかし、まず、子どもにとっての居心地のよさを考えた場合、自分自身を常にこのような状況におくことが必要なのである。その意味では、大変厳しい職業であるといわざるをえない。このような保育者でいるためには、常に保育を深める方向性をもたなくてはならない。それは、そのまま維持する方向、すなわち保守的な姿勢の保育では、保育者自身に流れる力が止まり、その結果、保育そのものものが澱んでくるからである。保育は身体を使って行うものであるが、思慮深い面も必要である。つまり、保育を意味をもって考える、思索する保育者である。では、日々保育を実践しながらどのような事柄によって、そのような保育者をめざすことができるのであろうか、次に述べていきたい。

2 教師・保育者の資質と研鑽

保育者の成長のために

　何よりも保育者の成長は、スタートから数年が勝負であると考えられる。20年以上のベテラン保育者は「はじめにずいぶん鍛えられた」とか「石の上にも3年と言われ、厳しい指導を受けた」と言う。たとえば、初めに高い方向をめざしてスタートした保育者はそのまま伸びていくが、不幸にして厳しい環境に恵まれなかった新任保育者は、低いスタートを切り年数を経てもそれほど高く志すことはないことも予想される。

　では、具体的にはどのような方法によって磨かれるのであろうか。まず、当然のことであるが、指導案作成（年間計画・月案・週案・日案）の綿密さである。よい保育が可能であるか、人的環境としての保育者の役割が明確になるかは、事前の保育指導案の作成にかかっているといっても過言ではない。ベテランになると徐々に書き出さなくても自分の頭の中で構想し、イメージすることもできるが、それでも毎日丁寧に書くことの成果は計り知れない。保育指導案を書くことで、自分の保育の「ねらい」が明らかになり、その活動を通してどのようなことを目標とするのか、達成するための「内容」も明瞭となる。したがって、「内容」についても上記のねらいを達成するため、できるだけ具体的な活動を明記することが肝要である。保育は一見自然体で遊ぶなかに、すぐには目に見えないさまざまな学びが含まれているものである。それだからこそ、現在の子どもの様子を踏まえて、今の時期にふさわしい活動を設定し、そこでの保育者のねらいを環境に潜ませる手法をとることである。

　次に、保育者は援助に気になる子どもと具体的な援助法を記載し、一人一人を丁寧に見て、保育後その子どもについては必ず振り返ることである。これは省察ともいうが、日々実行することで、実践のなかでの知恵が培われる。ここでは、子どもの行動とともに、関わった保育者自らの行為を省察することで、暗黙や無意識、自動性の保育に陥る危険性を回避しようとするのである。

加えて、環境による保育をめざすためにも、環境構成について十分に時間をかけて考えることである。それは環境の変化も視野に入れて保育指導案を作成することであり、たとえば、環境構成図の作成を行うことである。室内の配置や園庭での物の配置、室内の全体的な色合いを考え、さらに、そのような配置における子どもの動線や保育者の意図も含まれる。これは、いずれも幼稚園教育要領に明記されていることであるが、それを具体的に図に表すことで、子どもが動きやすく、また保育者がむだなく動くことも可能となる。

日々の保育を大切にし、しっかりとねらいを定めた保育指導案を記述すること、そして、その振り返りである省察の実施を積み重ねることこそ、まず自分自身の保育者としての研鑽を高めることになるのである。

園内での研修のあり方

園内研修は、保育者の資質を高める重要な研修のひとつである。そこで、どのような研修内容・方法にするのかということが問われなくてはならない。まず、保育の事実について語ることが大前提となる。すなわち、どのような子どもと関わり、保育を営んでいるか、また、具体的な子どもの行動と保育者との関わり方は、というように、事実に即した内容が中心とならなくてはいけない。そこでまず、1つのクラスを集中的にみる方法がある。その時間は各教員が工夫して時間を共有できるようにし、研修の対象となるクラスを観察者の立場で複数の保育者でみることである。その際、当然のことであるが、保育指導案を各保育者にあらかじめ、できれば前日までに送付し、目を通してもらうことである。同じ事実をみても、保育者の立場で相当変わってくることがある。その違いが問題なのではなく、その違いこそが保育後の研修のキーとなるのである。保育後、担当保育者の反省として、保育指導案に記載された本日の「ねらい」に則して、保育を点検する。これが本日の保育の自己評価となる。ねらったことと実際の保育のあり方の関連性を中心に担当保育者が反省をする。

そこで、今日の保育を担任として「よかった」「感動した」「しまった」ことなど、自分として心が動いたことを語るように心がける。その後全体で、まず、

子ども理解と援助に関して、事実から感じたこと、疑問に思ったこと、またクラスで気になる子どもについて、お互いが同僚として、経験年数に関係なく同じ立場で語り合う。この時、先輩からアドバイスしたり、園長としてコメントすることは意識して避けなければならない。それは、保育指導ということで、別の場で行うようにする。さらに、環境および保育内容についての検討も行う。その子どもが育つ場、時間として生かされる環境はどのようなものか、また、その子どもを生かす保育内容にはどのようなものがあるか、そして、本日の保育は適切であったか、ということを今日見た子どもの姿から検討する必要がある。そこで有効な保育指導案として、前述した「環境構成図」の作成があげられる。これは書き換え可能な青写真でもあり、見通しをもった保育を観察できる手がかりとなる。

　これらの園内研修の目的は、自分が担任している子どもの見方を変えられるようにすることであり、「このような子ども」という先入観をなくし、より柔軟な見方を身につけることである。同じ出来事を他の人はどのようにみているのか、ということを知ることで自分の解釈枠を広げ、変えることである。「こうすべきである」という結論を早く出しすぎないないように気をつけることも大切である。また、保育後の話し合いは、できるだけリラックスして、何でも気づいたことを語れるような雰囲気をつくる、すなわち「学びあう共同体」として、保育者同士の関係をもつことである。完璧な保育をめざすのではなく、今日の保育を観察して、そのことをきっかけに普段の保育で悩んでいること、困っていることが現れるような話し合いを行う。そして、その悩みを１人の担任に任せるのではなく、また責任を負わせるのではなく、園全体の問題として一人一人が責任を分かち合うことが園内研修の目的である。

　さて、保育の点検であるが、その内容として、まず前述した環境構成図が作成できているか、環境を意図的に構成しているか、予想していた環境構成と現実の違いはどのようなものかを、自らが検証することである。次に、そこで展開されていた遊びはどのような内容だったか。そして、その時間を通してどのように発展していったか、変化はもちろん、その変化のなかに１つの方向性を

もった統一があったか、そして創意工夫がみられた活動であったか、そのことを子どもと考える余地があったか、という観点から見直すことである。それは、保育者側からみると、具体的な活動のなかに保育者のねらいを仕かけることでもあるが、時には子どもの気づきがあり、保育者の予想を上回る気づきがみられることもある。実は、その保育者を上回る展開、気づきが生じる時こそ、保育のおもしろみが増す瞬間である。さらに、徐々に身体をできるだけ大きく使う活動にもっていくことも秘訣である。なぜなら、子どもは身体でさまざまなことを覚えるものであるし、獲得するからである。

　より応用的な研修としては、保育者各人の課題による研究がある。これは、園全体のテーマに沿って、各自が自分の課題を設定する。保育上の問題点は保育者個人によって異なるものであり、自分の研究課題という責任性もある。時には、ビデオ研修も効果がある。それは、課題にそって園内研修を進めるため、その話し合いに必要な場面をビデオで収録する方法である。話し合いの程度に応じ、「次は保育者の援助をとろう」「話し合いの場面を収録し、ビデオ記録を起こして、検討しよう」等の具体的なテーマにそって収録する。このような研修を通して、まず問題点に自ら気づくことである。ビデオを見ながらの話し合いから気づいたことをまとめることや、自分でビデオを見て気づいたことをまとめ、具体的な課題として次の保育に生かすこと、そして、次回の研修でその点がクリアできていたか検証する、といった段階を経る。ビデオ研修の留意点として、ビデオではさまざまな情報を得ることができ、また、保育の技術に目が行きがちであるが、それはできるだけ慎み、課題に応じた検討を行うようにすることである。さらに、他の保育者が姿勢や意識を問うようなことはできるだけしないようにする。できるだけその場面をみた当事者が自ら気づくようにもっていくことである。このことは、そこに写されている場面から何かを学ぼうとする、見る側の心が開かれていないとむずかしいことである。もともと保育とは無意識で行っているものであり、それこそが尊いことである。それをあえて説明づけるようなことは本来はしないほうがいい。もちろん、その際の子どもの表情もよく見ることで、その場の雰囲気も明らかとなってくる。ここで、

園内研究の2つの事例を紹介しよう。

① 研究会に向けて（兵庫県内H幼稚園）
　現在、登園してくる親子と毎朝出会う。そこで、気になるのは、一言でいうと「エンジンがかかってない」状況がみられることである。挨拶しても下を向いていたり、ぼーっとしていたり、いずれにしても覇気のない顔・雰囲気でアーチの下をくぐってくる。しかし、登園後15分ぐらいすると、仲間と顔をあわせ、だんだん子どもの元気が出てくる。
　そのために、幼稚園では、目をひく戸外の環境構成や、一輪車や竹馬等動きを伴う活動を促したり、テラスで音楽をかけて体操したり、登園してきた子どもが「ハッと」思えるようなことを考えている。今年度は、全園あげて「戸外遊び」に焦点をあてて実践研究を実施し、研究会に向けて準備しているところである。この問題を考える際に、保育者だけでなく保護者との協力によるところも大きい。まず、幼稚園としては、園内研究を充実させるため、昨年度から大学の幼児教育の先生方に多く入ってもらい、子ども一人一人が充実感を味わえる環境について助言してもらった。さらに、今年度からは、各担任が自分の考える戸外活動を書き出して、大きな模造紙に概念の近いグループごとに貼っていった。その結果、子どもの居場所・感覚への刺激・思い切り身体を動かせる場・仲間等がキーワードとして浮上した。これらをふまえ、毎週各担任ごとにB4の大きさの紙に保育室環境図を作成し、そのなかに、これまでの遊びの様子も加えて環境構成の意図を明確に示せるような内容を付記し、作図した。また、これらの環境をとおして育つ個と仲間の子どもの様子について事例を記述・考察することを2週間に1回実施した。さらに、公開研究会で保育の様子と研究の途中経過を報告したところ、それらの環境を別々に考えるだけではなく、園として共通認識をもつ必要性を指摘された。そこで、これらの環境図や事例を持ち寄って、園内で時間をとって2週間に1度の割合で全担任での話し合いをもつこととした。その結果、子ども自身が身体を十分使って実感できる環境として、3～5歳児がそれぞれの段階に応じて「水・砂・土・泥」の感覚を味わえるものをつくることとした。保護者の「おやじの会」の協力による「泥田」づくり、「キッズクラブ」の協力による未就園児を交えた「砂遊び」「水遊び」「シャボン玉」等を実施している。子どもの元気を掘り起こすためには保育者・保護者の双方の子育ての具体的な活動を通した「喜び」を共有することが必要だと実感している。
　　　　　　　　　　　　　　　　　　　（2006年「日本幼少児健康教育学会」で報告）

② ビデオ研修による保育経験年数別の気づき（兵庫県内K幼稚園）
　幼稚園の研究テーマは「自然から学びたおやかな心と体を育て、共に育ち合う」であり、その共通テーマのもとに各自が研究テーマを設定している。そこで、保育者3年目のA先生、保育者6年目のB先生、そして、保育者20年目のC先生の3人の研

究の状況について述べよう。各個人テーマは、A先生が「自然と関わりながらお互いの話を聴きあい、真剣に子どもと向き合う」であり、B先生は「自然とのかかわりを通して子どもの内面を見つめ、互いの思いや良さを感じ、認め合える子に」であり、C先生は「自然体験など多くの遊びを通して、感じ、考え、響きあう子ども達に―育て、高めていくための教師の言葉かけ―」である。それぞれが、自分のクラスの子どもの状況と保育者としての課題をあわせて各自の目標をテーマとしているところが特徴的である。各個人テーマに基づいて、1学期に1回の割合で園内研修で保育を公開し、その様子をVTRに収録する。その日の午後にビデオを見ながら、全員で検討会を実施する。後日、各自がVTRを見直して気になる部分を中心に自分の保育をビデオおこしして、教師の働きかけや子どもの動きや言葉の様子を整理した。その表をもとに自分のテーマの観点からどうであったか、保育の点検を実施し、それらをレポートにまとめ、外部講師を交えた検討を実施した。

　それらの結果から、A先生は、今子どもが求めている身体表現よりも自分で想定した内容を先に考えていることに自らが気づいていった。つまり、保育者の思いと子どもの気持ちとのずれを感じ、実践では「ねらい」の方に気持ちがいってしまっていたのである。自分のテーマである「真剣に子どもと向き合う」という課題に照らしてみて、はじめて焦点化して保育を見直す方向性が確立できたと考えられる。B先生は、VTRに収録した保育実践全体のねらいが曖昧であり、整理できずに進めてしまったことに気づいた。そのため、保育者の迷いや焦りが、子どもの活動に大きく影響してしまったとしている。そこでは、具体的な実践を振り返ることにより、保育者としてもっと子どものように心弾ませ、さらに保育としての道筋をねらいに沿ってしっかりもつという新たなる課題を見出している。C先生は、自分の様々な保育技術を再度確認しながら、よりふさわしい方法を模索するという姿勢が見出せた。特に、個人研究テーマである「言葉かけ」について、もし、ちがう言葉をかけていたら、ということで様々な状況を予想している。今回の保育の振り返りを通してさらに、ステップアップする具体的な方向性をもち始めたと考える。

(拙著ほか「保育者の資質を高める国内研究の探求」2006年より)

保育者としてさらに成長を継続するために

　保育者として成長を続けるためには、まず、保育の素材に関心を払うといった深い教材研究を課題とすることである。それは、遊びをより楽しくおもしろくすることでもあり、子どもが自発的に行うこと、自発性から主体性を育てることにもつながる。その教材は子どもの育ちに直結する。子どもの脳の成長の

段階からみても、自己抑制、葛藤が重要であり、そのために、遊びの素材の特性を生かして保育を構成したり、物がなくても遊べる人間関係を築いていく必要がある。子どもの身体を生かした遊びを工夫し、身体でぶつかるおもしろさ、物を介さない関わりの構築も時には必要である。また、自然を取り入れた保育内容を考案する。これは、四季折々の保育を工夫することにもつながる。すなわち、自然と子どもを結びつける工夫をすることである。さらに、時空間も結びつける保育内容の開発も心掛けてほしい。たとえば、昔の遊びや、地域の文化教材等の保育への活用である。

さらに今日的課題として、保幼小連携がある。それは、未就学児から小学校の生活科の基盤としての保育内容のあり方を探ることである。保幼小連携で培われるものとして、教師の意識変革がある。他の学校、園を見ることによって、自分のカリキュラムを見直すことにもなるし、自らの保育に生かせるものにもなる。連携教育に関心をもつことは、子ども期から小学校、さらには中学までの長いスパンで子どもの成長を考えることでもある。これらは保幼小合同研修会によるお互いの気づきを生み出す努力から可能となることである。

以上、環境としての教師・保育者の意味、成長する必要性、さらに、成長するための手立てを述べた。自己研鑽や園という組織のなかでの同僚・仲間とともに、少しずつ育つ保育者をめざしていきたいと考える。

3　教職の専門性

教育を担当する者は「専門職」にある、との声を耳にすることがある。子どもの教育に携わる者に特有な専門性が、他の労働分野にみられるようなエキスパートとしての価値と評価に比肩しうる水準を求められているとすれば、それはいったいどこを指向しているのであろうか。

たとえば、疾患者に関わる医療行為は医療技術体系が対象化され、これを保証する知識体系がある。その技術の特殊性を規定するような厳格な訓練によって技術が個人に特殊化され、その技術的水準は客観的に査定可能である。この

場合、「専門性」は技術の練度にかかっていることから、「専門性」という問いの対象は医療に関する「技術」である。

しかし教育は、このような客観的対象とその操作をめぐる技術体系が確立していない。確立していないのは、教育の対象が人間の肉体ではなく「人間そのもの」であり、教育が直接人命に関わる危険と、これをめぐる営みではないからである。

このように考えると、教育における「専門性」とは、どのような社会的位置づけにおいて定まるのであろうか。子どもの教育に従事することを専業にするゆえに専門職である、とするには無理がある。なぜなら、先に述べたように教育の対象は「人間そのもの」であるため、教育関連諸学の知識体系・専門性が教師一人一人の「教育活動」を規定することが不可能であるばかりではなく、教育活動が「教育とは何か」、とりわけ「人間とは何か」という直接の問いとともに、この問いに支えられて現れるからである。言い換えると、人間とは何か、いかにあるべきかという根源的な実存への問いを忘れた教師から、「教育」は現れるはずがないからである。

子どもは常にこの問いを身にまとって教師の前に立ち現れる。教育はこの問いに「答えつつ」、問いはさらに「深まる」のである。教育とは、そのように直接的なあり方で対象と関わり、この直接性・実存に洗い出されることによって、教師は「専門性」を獲得しなければならない。

特に幼い子どもの教育は、子どもの成長段階・環境依存度を考える時、子どもと関わることは家庭（子どもの育ちに影響を与える生活条件、文化度など身近な生活環境全般）と関わることであり、家庭と関わることは直接に社会の時代状況と関わることであるために、「教育とは何か」という根源的な問いは最も深く現れてくる。

すなわち、教育の原初的なあり方が具体的な日常性のなかに絶え間なく露出するだけに、教育者として出発しながら、直面する課題は高度な教育関連諸学の重要問題に直結した問題ばかりなのである。言葉による伝達を考えることは言語学的問題であり、生活習慣を問うことは生活を含む社会文化を問うことで

ある。このように、子どもに関与すれば、すべてそうした総合学的な人文的諸問題が1人の子どもに凝縮して現れる。いわば、子どもという赤裸な実存に直接関わることが、「教育とは何か」「人間とは何か」という問いとして現れるのである。

経験科学としての教職の専門性

　子どもの行為と教師の指導とが交錯する過程に刻一刻と現象している「できごと」には、教育が「複線型の時間性」のなかに行われる営みであることから、きわめて多くの「経験性」が派生している。だから教師は、子どもの活動を単一な行為、行動として「見做す」ことはあっても、多くの場合、単一な経験活動に「する」ことは原理的にできない。

　なぜなら、子どもが行動を起こし意欲的な活動を生産するのは、そこにイメージ化への急激なエネルギー供給が行われるからであり、イマジネーションは行為の単一性や行動の限界を突破するとともに、通時的ないま・ここの日常世界を複線型時間の世界に「変換」するからである。この時間軸に沿って、子どもは自らを物語る。子どもの行う「物語化」とは、子ども自身の象徴化による世界の「全体化」であって、この「全体化」への試みは、複線型の時間性の渦中にあってこそ強力に活性化する。子どもの「意欲」の出現である。

　さて、教師の臨場的な指導・援助方法に関する実用的技術が、子どもの「意欲」の出現とその持続に大きな役割を果たすのはいうまでもない。子どもが気持ちを安定させ、集中し、諸々の活動に意欲的に参入し、個々の特徴が表出すると同時に、子どもたち全体がよくまとまりをみせるためには特殊な技術が教師に要求される。

　この自明な事柄が、単に心理学や指導方法論的な知識で充足するはずのないことは誰しもが認めるであろう。だが「技術」の必要は認められながら、これまで教師を教育し技術者に成長させてきたのは、他ならぬ教育される子どもたちであったといえよう。言い換えると、教師は教育技術者として特殊化されて就職するのではなく、「技術」は教育現場で、子どもとの関わりのなかで習得

しなければならないのが現状である。実践化される教育現象は1回限りの事象であり、同じことを実験という形式で繰り返し特定の仮説や理論を証明する自然科学とはまったく異なった経験科学的な分野であることから、いわゆる教育技術が学的対象にならず、むしろ理念が先行し、日常展開される「教育」という現象が分析され、理論化され、技術体系として客観化されることがなかった。ゆえに教師は、技術を習得した経験がないまま「専門職」として就職するという、まことに奇妙な技術者であるともいえよう。

このように、教育の現場における諸々の経験が教育の技術学として体系化されていない現状で、「経験科学」として教育技術を体系づけ、その技術的訓練を確立する方途はないものであろうか。

時間系列でみる「経験」の意味と価値

外部から何らの変形も加えられない、子どもの自然な活動をどのように読み取っているかが、その時その場の「遊び」や日常生活における子どもの「評価」につながる。

幼稚園内の砂場で、4人の4，5歳児が「砂あそび」をしていた。立場の異なる2人の大人が、この遊びの様子を観察した。1人は保護者である。砂に遊ぶわが子の動作が砂山の向こう側の子どもよりもやや遅いので、多少苦々しく感じているが、みんな仲良く夢中になって遊んでいる様子に、友だちと遊べるようになったと内心ホッとしている。ただ、砂山の向こう側の子どもが、わが子の方へ砂を押しつけて、わが子の作った砂山の一部が変形させられるのが少々気になっている。このように母親は、わが子への憧憬と同一化によって「遊び」を観てしまう。

もう1人は、勤続13年の教師である。彼女は、砂あそびに現れている砂山の高さが以前よりも高くなり、砂場全体の中で占めている砂山の位置が均衡に配置されており、そこにたくましい力強さが現れているように感じた。そして、この数人の子どもたちの間に、以前よりも強い結びつきと無意識的な共同感覚が現れていると判断していた。教師はこの時、この場の遊びを「通時的系列」

において、遊びの「質」と「内容」をみようとしていたのである。

　以上、2者の砂場における遊び観察は2000年5月、保護者参観日での出来事である。子どもの遊びに関する2者の観点のうち、注目すべきは教育現場にある教師の読み取り方である。なぜなら、遊びを教育上論じる場合には、生活の通時的系列の上で、諸々の教育的働きかけとこれに対する個々の子どもたちの受容の度合いを含む教育座標に「遊び」を変換する必要があるからである。つまり、「砂あそび」の具体的な事象が、集団生活の開始以来の時間系列の上に明確に措定され、子どもの「心身の発達」や「社会性の萌芽」などの点で明確に位置づけられて、遊びだから価値があるのではなく、価値のある遊びとして確定できなければならない。

　現前で遊ばれている「砂あそび」が、その子どもにとってどのような意味をもつのかが把握され、A男にとっては大きな進歩であり、B子にとっては停滞というように、教育座標の上に置き換えられなければならない。遊びが展開しているからよいのではなく、「どのように遊ばれているのか」が重要で、[1]「遊ぶ」という行為を現象させている「経験」の実質と内容を分析し、教育的座標の上に置き換えることが「専門性」のひとつにあげられる。

　遊びの「発展」は、遊ぶ子どもたちの自律的運動である。「砂あそび」が昨日も今日も同じ反復にみえて、何ら進歩がないように感じられることもある。手で砂をすくい取り、上から下へ砂粒を流し落とすばかりで、シャベルを用いようともせず、「砂だんご」を作ろうともしない。しかし遊びは、反復を繰り返すこともあれば、いっきょに突然、多様性を示すこともある。時系列上においてみれば、単一な発展ということはないのである。

カリキュラム、その専門性と責任

　設定された遊びの「設定」とは、設定された教育意図を、遊びといういわば気分的な衣装によって隠蔽して、子どもをその意図や計画に導き入れるという意味で、遊びを教育手段と位置づけた、本来の「遊び」とは異質の営みである。遊ばせているわけではないので、子どもが本気で遊び始めたとすれば、そもそ

も設定された意味がなくなるのである。

　したがって「設定遊び」は、この種の活動から「遊びの本質」を論じることや、遊んでいるかのようにみえる子どもの行為から、「遊び」そのものの評価をすることはできない。すなわち「設定遊び」とは、「教育化された遊び」であり、遊び化をめぐる「技術概念」に属する営みである。ということは、子どもの活動の「過程」に関与する際の物語化（遊び化）に関する技術、あるいは技法が「専門性」を形づくっているのである[2]。

　ところで、設定される活動にせよ、自然発生する遊びにせよ、カリキュラムのもとに実践されない限り、「教育行為」とはいえない。つまり、教育意志の発現はカリキュラムを立案し、その内部に子どもの生活が展開することに基づく。

　そうではあるが、子どもの活動はカリキュラムに描かれたように展開し、予想どおりの成果を得られるかといえば、必ずしもそのようにはならない。むしろ、子どもが「活動すること」の実際とカリキュラムとの間に背反が現れるのは当然である。その背反が現れるところから「教育」が措定されるのであって、カリキュラム立案の時点では単に意志や意図の表明に過ぎない。子どもの活動との関わりは計画化したカリキュラムとともに、内的なカリキュラム[3]によって関わる行為であり、内的カリキュラムが未成熟な教師の場合は、諸々の学習活動をさせることはできても、その活動において「教育」することはむずかしい。

　計画化したカリキュラムと子どもの活動との背反は、内的カリキュラムによって充足しなければならない。それが子どもに「関わる」ということであり、教育の実践面で問われるのは教師の内面に形成される内的カリキュラムの質と水準なのである。もとより内的カリキュラムにあっても、子どもの活動過程における現実との間に背反や矛盾が起こるが、この背反があるから教師の内部に教育意志が現れるともいえよう。どのような教育形態にせよ、教師自身の内的カリキュラムが前提にならない限り、「教育」は成立しない。

　カリキュラムによって与えられる諸経験は常に、カリキュラムが予定し、企図した経験像との「一致しない状況」をともなって現れる。この「一致しない

状況」は、カリキュラムを極端な場合は無力化したり、否定するような力動として現れるが、実はそのような「一致しない状況」こそが「教育」を現れさせ、その「一致しない状況」に基づいて教師の内的カリキュラムが要請されるのであって、「カリキュラム経験」とはそのような教育の現実の現れのなかで具体化する営みである。子どもの諸々の経験とは、そのような構造のなかに現れることによって「教育される」のである[4]。

　カリキュラムはそれ自体、教育意志の具体的表現である。内容、方法等教育としての価値が不明確であれば、その実現のための見取図は描かれようがない。同時に、カリキュラムが立案されるためには教師の内面にカリキュラムがすでに立てられており、これが教師の「専門性」の第1の条件でなければならない。教師に内的なカリキュラムが存在するからこそ責任を負えるのであり、それがないと教師自身の責任が自覚されえない。また、内的カリキュラムの育成が教育の技術論、技法論の中心課題であることは論ずるまでもない。

1) 子どもに手の平で押さえられた砂は、すでに単なる砂ではなく、その子どもとの関係のなかの砂であり、宇宙の「時」の進行のなかで二度と同一の事象が繰り返し起こることのない1回限りの全宇宙的な出来事である。砂に「ボク」(主語)が触れたのではなく、触れたのは世界であり、宇宙である。自他未分・主客未分とはそのような事態をいう。繰り返すまでもないが、2章4節で述べた「純粋経験」は「経験」であり、単なる感覚ではない。単に与件に刺激されて反応しているのではなく、継時的な持続と広がりのある状態性である。

　「純粋経験」が日常的一般的な意味で〈経験〉といわれる組織体に変質するためには、「純粋経験」が反省作用によって宇宙性あるいは世界性を消失し、主体と客体の分裂によって、「主体」(主語)が現れなくてはならない。そこに対象化された事物は「純粋経験」の豊醇な宇宙性を消失したその残香として現れた記号であり、概念である。つまり、子どもにとって砂の感触は湿り気を示すなどの「単なる砂」であり、それ以上のものではない。

　こうして対象化された事物の連鎖と身体的反復は、一般に〈経験〉といわれる内容を形成している。この〈経験〉は、1回限りの時間的特異点ではなく、一般化され計画化された時間軸のうえで、すなわち時計によって進行する時間上での反復可能な繰り返しであり、同じ動作が可能である(あるいは「同じことをしている」)と見なされる。ゆえに、この〈経験〉は、差異に基づく「意味作用」を捨象し、あるいは放棄して、共通した要素(一般化された砂としての共通性)だけを残して獲得された世界の〈像〉に過ぎないのである。(西田幾多郎『善の研究』岩波書店　1950年)

2）子ども本来の遊びは、外部に大人の生活や大人の視線をもっており、常にこれとは異質であろうすることで遊びの純粋性を保つ。これに対して設定された遊びは、外部との境界が曖昧であるために、遊びの純粋性は保持できない。遊びと教育（外部）との境界を曖昧にするために、より高いレベルでの「技術」が要請される。
3）教師個人の内的カリキュラムは、教師自身が自ら成長してきた過程と、教育を受けるなかで形成された教師のあるべき姿、生活のなかで家族との接触を通じて得た幼い者のあり方に対する知識などによって形成されるが、同時に職業としての自覚が、そのような雑多な知識や経験を「再構成する努力」を産み、内的カリキュラムとして定まってくる。再編される教育技術、とりわけ教師の「立ち居振る舞い」による教育技法（身体性、そして「型」）の習得は、内的カリキュラムの実践に欠かせない。

　単に、計画され外在化したカリキュラムにしたがっているだけでは「教育行動」とはいえない。内的カリキュラムと現実の子どもたちとの間の背反を認識し、内的カリキュラムをより深化させ、その質的水準を高めることが教師の職業的成長であり、また人間的成長であるといえよう。
4）ブランコで遊ぶ3人の5歳児がいた。子どもたちはブランコを使って遊びながらキケン限界の内側に反復を繰り返し、身体的に制御できるかどうかその限界を再編しながら、キケン限度を押し広げようとしている。ブランコのこぎ競争が始まっていた。しかし、ひとたび超えられたキケン限界は「あぶないこと」として記号化されて、ジャングルジムやリヤカー遊びなど、類似した身体平衡感覚系内で交換された。

　つまり、「虚構」において超出したことに「価値」が規定され、記号化されるものが他の遊びの類似性において交換されるという、このことはすでに遊びではなく、遊びの外に「外化」された外部環境であり、子どもたちにとっては外的な強制力として働いているのである。教育が機能するのは、ブランコ遊び内部においてではなく、外化され、子どもをそのことによって抑制し、価値づける記号関係においてであって、ブランコ遊びそのことにおいて何かを期待することではない。子どもが遊ぶことにおいてのみ「結果」として産み出している成果が組織化され、さらに遊びを高度化しうるために、外化したこれらの体系（虚構ゆえに超え出てくる遊びの「結果」）が教育と接触しなければならないのである。

あ と が き

　本書は、1989年に発足した「こども学研究の会」のメンバーらにより執筆された。

　兵庫教育大学大学院・片山研究室に輩出した学究同友の士が、こども学としての教育研究を始めて今年で18回目になる。

　この間、たえず変化する社会情況下で、子どもの成長に不安を抱く母親や、教育のあり方とその有効性を問い正すかのような事件や出来事が急増した。

　誰でもが認めざるをえない現在の世相の責任から、我々教師はいったいどのように目をそらすことができるだろうか。いま、我々教職にある者は教育の「価値」を再創造し、その意志と「責任」を改めて明確にすることにより、人間の歴史の形成に関わる生きた営みとしての教育の社会的な存立根拠を確立しなければならないと思う。

　そうした折、大阪商業大学教授・長尾和英氏も研究会に参加して下さっていたことは心強いかぎりである。また、兵庫教育大学・名須川知子教授に論文を寄せていただいたことは、今後のこども学研究の大きな糧となった。

　本書に述べられていることが、少しでも現在の教育の閉塞感を解き、子どもたちの成長を促すよりよい教育環境の実践例となることを願っている。

　本書の構成と出版にあたっては、長尾氏の導きによるところが大きい。改めて深謝申し上げたい。

伊 澤　貞 治

人名索引

【あ 行】

荒井 洌　84
アリストテレス（Aristotelēs）　57
伊田 明　49
イタール（Itard,J.M.G.）　58
牛島義友　120
オーエン（Owen,R.）　7

【か 行】

片山忠次　41
河合隼雄　49
カント（Kant,I.）　58
倉橋惣三　51，79，87，89
ケストナー（Kästner,E.）　4
ゲゼル（Gesell,A.L.）　58

【さ 行】

斎藤喜博　98，99
佐藤 学　99
讃岐幸治　66
シュプランガー（Spranger,E.）　61，92，94，100
仙田 満　20，26

【た 行】

津守 真　79，82
デューイ（Dewey,J.）　9，68，97
東井義雄　97
富永健一　60

【な 行】

ナトルプ（Natorp,P.G.）　61
西田幾多郎　34

【は 行】

パーソンズ（Parsons,T.）　64
フレーベル（Fröbel,F.W.A.）　24，28，65，78，99
ブロフィー（Brophy）　16
ペスタロッチ（Pestalozzi,J.H.）　42，102
ベルグソン（Bergson,H.）　34
ホイジンガ（Huizinga,J.）　32

【ま 行】

マードック（Murdock,G.P.）　63
椋 鳩十　1
孟 子　57
モンテッソーリ（Montessori,M.）　11

【や 行】

柳田国男　76

【ら 行】

ラングラン（Lengrand,P.）　70
ランゲフェルド（Langeveld,M.J.）　74
リード（Read,K.H.）　16
ルソー（Rousseau,J.J.）　13，86

【わ 行】

渡辺暢恵　107

事 項 索 引

【あ 行】

愛　　5, 8
遊　び　　19, 30, 31, 84, 85, 117, 122
　　――仲間　　28
　　――の虚構性　　35
　　――の場所　　24, 26
温かさ　　8
依存性　　124, 127
意図的教育　　9, 10, 62

【か 行】

核家族　　63, 64, 74, 75
　　――化　　45
学習指導要領
　　小学校――　　14
　　中学校――　　14
家　族　　62, 74
学　校　　10, 15, 67, 68, 91, 92, 95, 98
家　庭　　41, 42, 63, 74
　　――環境　　45
　　――教育　　50～52, 54, 62, 63
　　――の機能　　43
　　――の教育力　　50
カリキュラム　　144, 146
感動体験　　3, 4, 6
疑似体験　　20
希　望　　5, 16
基本的な生活習慣　　48, 52, 64, 121
吸収する心　　11
教　育　　92, 116, 123, 141
　　――課程　　14
　　――環境　　3, 4, 6, 9, 11, 13, 14, 16, 17
　　コスミック――　　12
教　材　　10, 12, 13, 15, 100～102

教　師　　16, 17, 95, 116
教　室　　16
　　――環境　　102
共同社会　　60
研　修　　135
個　人　　60, 62
個性化　　61
子育て　　69, 117
子ども
　　――の家　　12, 58
　　――の生活　　19
　　――を取り巻く環境　　4, 6, 14

【さ 行】

最大多数の最大幸福　　8
自己教育力　　94, 96
社　会　　60, 62
　　――化　　61, 64
　　――環境　　7, 9, 57
純粋経験　　33, 34
生　涯
　　――学習　　71, 96
　　――教育　　70, 71
少子化　　29, 45, 69, 75
少子高齢社会　　69
信　頼　　5
性　格
　　――形成学院　　7, 8
　　――形成論　　7
生　活　　114, 117
　　――環境　　79, 114, 123
　　――体験　　14, 97, 98
　　――力　　120, 122, 123
精神の息吹き　　99
成長としての教育　　11
前意識　　3

【た　行】

地　域
　──環境　14
　──社会　66, 67, 75, 76
出会い　3, 4
図書室　105
整えられた環境　12

【な　行】

人　間
　──環境　124, 125
　──形成　8, 11, 48, 60
認定こども園　70

【は　行】

雰囲気　8, 16, 81, 86, 137
保　育

　──環境　73
　──教材　86, 87
保育室　16, 80
保育者　80, 81, 85, 131, 132, 134, 139
保育所　54, 77, 79
　──保育指針　14, 54

【ま　行】

無意図的教育　9, 62

【や　行】

安らぎ　8, 64
幼稚園　15, 54, 77, 79
　──教育要領　14, 30, 54, 135

【ら　行】

リカレント教育　71

執筆者紹介 (執筆順、＊印編者)

片山忠次（かたやま　ちゅうじ）　1章
兵庫教育大学名誉教授・大阪樟蔭女子大学名誉教授／幼児教育学

長谷川裕美（はせがわ　ひろみ）　2章-1・2・3
神戸親和女子大学発達教育学部非常勤講師／保育学

＊**伊澤貞治**（いざわ　さだはる）　2章-4、7章、8章-3、あとがき
皐月幼稚園園長／幼児教育学（穴（hollow）の研究　ほか）

坂根美紀子（さかね　みきこ）　3章
神戸親和女子大学発達教育学部教授／幼児教育、保育学

＊**長尾和英**（ながお　かずひで）　まえがき、4章
大阪商業大学総合経営学部教授／人間形成論

森川　紅（もりかわ　くれない）　5章
姫路日ノ本短期大学助教授／保育学

大江みさ子（おおえ　みさこ）　6章-1・2
兵庫県加東市立滝野東小学校教諭／国語教育、幼小教育

三浦倉充（みうら　くらみつ）　6章-3・4
愛媛県西予市立三瓶小学校教頭／教育基礎（教育哲学、教育史、教育思想、教育心理）

名須川知子（なすかわ　ともこ）　8章-1・2
兵庫教育大学大学院教授／保育内容・表現

2007年2月26日　初版第1刷発行

子どもの育ちと教育環境

編著者　長尾和英
　　　　伊澤貞治

発行者　岡村　勉

発行所　株式会社 法律文化社
〒603-8053　京都市北区上賀茂岩ヶ垣内町71
電話 075(791)7131　FAX 075(721)8400
URL:http://www.hou-bun.co.jp/

ⓒ2007　Kazuhide Nagao, Sadaharu Izawa Printed in Japan
印刷：㈱太洋社／製本：藤沢製本所
装幀　石井きよ子
ISBN 978-4-589-03000-9

| 片山忠次・名須川知子編著 | 子どもの「生活」を軸に、保育の本質と現代の問題をふまえて生活保育の理論構築を図る。理念から思潮、内容、方法、方向性を実践例を盛りこみながら平易簡潔に展開し、生活教育＝保育の全体像を描きだす。 |

現代生活保育論

A 5 判・162 頁・2100 円

片山忠次著

子どもの育ちを助ける
――モンテッソーリの幼児教育思想――

四六判・164 頁・2625 円

自立的人間の成長を願い、環境による教育・自由の尊重・自己活動を重視した教育を唱えたモンテッソーリの思想を、語り口調で平易に解説。最近の教育要領や保育指針の改訂をふまえ、彼女の思想の現代的意義と課題にせまる。

テルマ ハームス、リチャード M. クリフォード、デビィ クレア共著／埋橋玲子訳

保育環境評価スケール
①幼児版　②乳児版

B 5 判・①120 頁／②116 頁・各1890 円

保育の第三者評価が実施の途につき、保育の質や自己評価への関心が高まっている。本書は、各国の保育行政や保育者養成・研修等で広く用いられている保育の質の測定ツール。約40項目の尺度のほかに使用にあたっての手引や解説を付す。

田原恭蔵・林　勲編

キーワードで読む教育学

B 5 判・152 頁・2415 円

キーワードや多数のコラム・図表で教育学全体を体系的に解説したビジュアルな教科書。各章ごとに研究課題や推薦図書を、巻末に法規等の資料を添える。大学のテキスト、教員採用の準備だけでなく、学校現場の実践にも資する。

林　勲編〔Q & A 教育学〕

教 育 の 原 理

A 5 判・230 頁・2415 円

教育学の基本的な事項を体系的に理解できる教科書。教員採用試験に頻出するものを設問にあげ、2頁または4頁の読み切りで解説する。キーワードやコラムをいれ理解を深める。巻末資料（教育関連法規など）付。

竹川郁雄著

いじめ現象の再検討
――日常社会規範と集団の視点――

A 5 判・214 頁・2415 円

いじめはどのようなものなのか。調査データや社会学的思考からその構造をとらえ、いじめの背景的要因となる社会規範と集団の特徴を明らかにする。さらにいじめなど問題を抱えた生徒への支援のあり方も検討する。

―― 法律文化社 ――

表示価格は定価（税込価格）です